AF618287

Josef Schmidt | Harald Schöndorf
Guido Joosten [Hrsg.]

Was glaubt ein Christ?

Zentrale Fragen des Christentums einfach beantwortet

Die Deutsche Nationalbibliothek verzeichnet diese Publikation in der Deutschen Nationalbibliografie; detaillierte bibliografische Daten sind im Internet über http://dnb.d-nb.de abrufbar.

ISBN 978-3-98572-016-3 (Print)
ISBN 978-3-98572-017-0 (ePDF)

Onlineversion
Nomos eLibrary

1. Auflage 2022

Besuchen Sie uns im Internet
academia-verlag.de

Inhalt

Vorwort

Guido Joosten

Was hat Sie dazu gebracht, dieses Buch in die Hand zu nehmen?

Ist es die Frage ‚Was glaubt ein Christ?'[1] oder doch eher der zweite Titel mit seinem Versprechen, zentrale Fragen des Christentums *einfach* zu beantworten? Nun, beide Aussagen lassen sich gemäß dem Johannesevangelium mit drei Worten erklären: „Gott ist Liebe!". Das ist es, was ein Christ glaubt und das klingt doch recht einfach, oder? Andererseits, über jedes der drei Wörter dieser Antwort: ‚*Gott, sein und Liebe*' wurden schon unzählige philosophische, theologische und andere vor allem schwierige Bücher geschrieben. Es scheint daher nicht so einfach mit dem *einfach* zu sein…

Vielleicht erzähle ich lieber, wie es zu diesem Büchlein gekommen ist. Als ich vor einigen Jahren im Chiemgau eine Vortragsreihe über philosophische Themen geplant hatte, war der erste Redner Prof. Dr. Josef Schmidt. Der Religionsphilosoph sprach darüber, was beim Thema ‚Gott' wichtiger sei: Glaube oder Vernunft. Als Organisator stellte ich mir zwei Fragen: 1. Wie werden die Nicht-Christen, Atheisten, Agnostiker usw., von denen es einige in der Zuhörergruppe gab, auf ein doch sehr religiöses Thema reagieren und 2. Wie wird ein Publikum, das nur aus philosophischen und theologischen Laien besteht, die etwas anspruchsvollere Sprache eines Philosophen und Theologen verkraften? Nach dem Vortrag wurde dann lebhaft über „Gott und die Welt" diskutiert, vor allem aber über den Inhalt des gehörten Vortrages. Nach dem zweiten Philosophieabend über *René Descartes* mit Prof. Dr. Schöndorf stellte sich heraus, dass auch Wochen später mehr über den Gottesbeweis von Descartes als über seine sonstigen philosophischen Thesen gesprochen wurde. Kurzum, religiöse Fragen scheinen auch in der jetzigen Zeit noch von Interesse zu sein, vor allem dann, wenn sie fundiert und nachvollziehbar diskutiert werden können. Bei einer kleinen Umfrage, wie verständlich Kernaussagen des Christentums sind, stellte sich kein großer Unterschied zwischen den Antworten von Christen und Nicht-Christen heraus. Offensichtlich wird der Sprung des kindlichen Glaubens (der kaum Begründung verlangt) zu einem reflektierten Glauben nicht besonders gefördert. Sobald der Glauben nach rationaler Begründung verlangt, hilft den meisten Menschen weder eine simple Glaubensdefinition noch eine hochgesteckte wissenschaftliche Theologie.

Glauben Sie nicht an ‚glauben'? Naturwissenschaftlich orientierte LeserInnen, die das Buch hier schon aus der Hand legen wollen, weil es zu sehr um Glauben und zu wenig um messbare Wissenschaft geht, bitte ich folgende Zitate über die Mathematik zu lesen:

> *Insofern sich die Sätze der Mathematik auf die Wirklichkeit beziehen, sind sie nicht sicher, und insofern sie sicher sind, beziehen sie sich nicht auf die Wirklichkeit. Mathematische Theorien über die Wirklichkeit sind immer ungesichert – wenn sie gesichert sind, handelt es sich nicht um die Wirklichkeit.*
> *Albert Einstein (1879 – 1955) Physiker und Nobelpreisträger Physik*

> *So kann also die Mathematik definiert werden als diejenige Wissenschaft, in der wir niemals das kennen, worüber wir sprechen, und niemals wissen, ob das, was wir sagen, wahr ist.*
> *Bertrand Russell (1872 – 1970) Mathematiker, Philosoph, Religionskritiker und Nobelpreisträger Literatur*

Kann es sein, dass Sie diese Aussagen eher über Religion als über Mathematik erwartet hätten? Oder ist es vielmehr so, dass – egal welche – Wissenschaft ohne Glauben nicht möglich ist? Ohne Glauben zu leben, scheint auch nicht so einfach zu sein…

Aber kommen wir zurück zum Thema. In diesem Buch soll versucht werden, eine verständliche, nachvollziehbare Antwort auf einige der zentralen Fragen des Christentums zu geben. Vor allem aber sollen die LeserInnen zum persönlichen Weiterdenken angeregt werden. Die wirklichen Antworten auf die in diesem Buch gestellten Fragen muss jeder für sich selbst finden. Dazu gehört auch die individuelle Balance zwischen Glauben und Vernunft. Es gibt kopflastige, visuelle, auditive und gefühlsbestimmte Menschen. Auch die großen Konfessionen innerhalb des Christentums, seien sie evangelisch, katholisch oder orthodox, sind entsprechend unterschiedlich ausgerichtet. Das wird in diesem Buch dann klar, wenn zu einem Thema drei verschiedene Sichtweisen nebeneinandergestellt werden. Neben einer einheitlichen Kernbotschaft verfügt das Christentum eben auch über einen großen Farbenreichtum in seinen Aussagen. Und somit sind die individuellen Interpretationsmöglichkeiten vielfältig. Als LeserIn wird man vermutlich von den verschiedenen Beiträgen dieses Buches unterschiedlich angesprochen. Was die eine als einfach empfindet, ist für den anderen schwer nachvollziehbar. Der Weg zum Verständnis des Christentums (oder zu Gott) ist ein individueller.

Die AutorInnen dieses Buches sind Wissenschaftler und stehen für zeitgemäße und fundierte Inhalte. Es handelt sich also nicht um ‚simple' Texte. Auf theologische oder philosophische Fachbegriffe wurde weitestgehend verzichtet bzw. sie werden sofort erklärt. Bedanken möchte ich mich bei Elisabeth Berg für ihre Hilfe, die Beiträge für Nicht-Theologen/Philosophinnen lesefreundlicher zu gestalten. Wie bereits gesagt ist *einfach* ein relativer Begriff. Aber dass Sie in diesem Buch vieles finden können, das Sie zum Nach- und Weiterdenken anregt, davon bin ich überzeugt!

Einführung

Josef Schmidt und Harald Schöndorf

Wie geht eine moderne Gesellschaft, die sich nicht mehr aus einem religiösen Konsens heraus versteht, mit ihren religiös Gläubigen um? Wenn es für sie nicht unwichtig ist, ob ihre Mitglieder auch in den sie tragenden Überzeugungen Teilnehmer am sozialen Ganzen sind, muss ihr am Diskurs über diese Überzeugungen gelegen sein. Zur Zeit werden solche Überzeugungen meist ins Private abgedrängt. Man ist tolerant. Jeder soll seine Religion und Weltanschauung haben. Hauptsache, man bewegt sich innerhalb bestimmter für das Zusammenleben notwendiger Verhaltensnormen. Aber jene tieferen Überzeugungen beanspruchen in der Regel eine Gültigkeit nicht nur für die eigene Person oder den engeren sozialen Umkreis. Doch bezüglich ihrer allgemeinmenschlichen Bedeutung sollen sie in den öffentlichen Diskurs möglichst nicht eingebracht werden. Das führe nur zu überflüssigem Streit. Die Folge ist aber, dass sich der Mensch in seinen innersten Überzeugungen nicht mehr ernst genommen fühlt. Auch kann man zweifeln, ob er seine Überzeugungen selbst ernst nimmt, wenn er ihren Ausschluss aus dem öffentlichen Diskurs akzeptiert. Nur wenn er es wagt, sie dem Diskurs auszusetzen, nimmt er sie ernst und widersteht der Versuchung, sie in einen unkontrollierten Wildwuchs treiben zu lassen. Warum muss so ein Diskurs auch immer in einen unversöhnlichen Streit münden? Kann man nicht voneinander lernen? Und ist es nicht eine schöne Erfahrung, wenn man seine tieferen Überzeugungen einem anderen so präsentieren kann, dass dieser sie versteht und dann immerhin respektiert? Das Medium, das diese Kommunikation möglich macht, ist die Vernunft. Das Vertrauen auf sie ist es, das auch jene tieferen inneren Überzeugungen kommunikabel macht und ein Auseinanderfallen der Gesellschaft in dem Bereich des Eigensten der Personen verhindert.

Für den religiös Gläubigen ist die Konsequenz dieser Überlegung die, dass er seinen Glauben gut kennen und schätzen muss, um ihn in dieser Weise mitteilbar zu machen. Es muss ihm daran gelegen sein, dass sein Gesprächspartner schließlich sagt, „jetzt verstehe ich, was Deinen Glauben ausmacht und warum er Dir so wichtig ist". Das vorliegende Buch soll dem Christen helfen, zu dieser notwendigen Klärung seines Glaubens zu kommen, um ihn zwanglos und angstfrei, aber durchaus mit „erhobenem Haupt" in den weltanschaulichen Diskurs seiner Umgebung einbringen zu können. Es soll ihm helfen zu begreifen, welche Kostbarkeit und welch lichtvolles Gut dieser Glaube ist, der, wenn man ihn verstanden hat, wie von selbst dazu drängt, andere in dieses Verstehen einzubeziehen. Aber was ist es eigentlich, was der Christ glaubt? Wo findet man den Inhalt? Ganz einfach kann man sagen: Das findet man im „Glaubensbekenntnis", das allen christlichen Kirchen gemeinsam ist. Dieses gemeinsame Glaubensbekenntnis ist die Grundlage aller Katechismen der Kirchen und wird in ihren Gottesdiensten zum Gebet. Es wird also in diesem Buch schlicht darum gehen, die zentralen Aussagen dieses Glaubensbekenntnisses durchzugehen, sie zu erläutern und einem tieferen Verständnis näher zu bringen. Dies soll in neun Kapiteln geschehen, wobei das vierte und siebte Kapitel in drei Unterkapitel aufgeteilt ist, nach den drei Konfessionen, der Katholiken, Protestanten und Orthodoxen. Für eine genaue Lektüre dieser Kapitel soll im Folgenden geworben werden.

1. Haben wir denn eigentlich verstanden, was wir sagen, wenn wir behaupten: Gott ist personal und nicht eine anonyme Kraft oder Energie oder bloße Struktur? Wenn wir es verstehen wollen, müssen wir uns erst einmal darüber klar werden, was wir mit „Person" eigentlich meinen, um diesen Begriff dann auf Gott zu übertragen. Dabei wird sich zeigen, dass uns diese Ana-

lyse dazu führt, den Gottesgedanken selbst umfassender und tiefer zu begreifen.

2. Dieser Gott soll Schöpfer der Welt sein. Aber ist das so einfach zu sagen? Könnte die Welt sich nicht selbst erklären? Gibt es nicht die Lehre von der Evolution? Es zeigt sich, dass man dieser Lehre auch aus christlicher Sicht zustimmen kann. Denn zum einen bleibt die Frage nach dem Ursprung der Welt immer bestehen, und zum anderen glauben die Christen, dass Gott in seiner Schöpfung von Anfang an schöpferisch gegenwärtig ist und sich schließlich in Jesus Christus als ihre Mitte zeigt, in der sie in das trinitarische Leben Gottes aufgenommen ist.

3. Die Dreifaltigkeit Gottes ist das Spezifikum des christlichen Glaubens. Gott ist nach diesem Glauben personal. Aber er ist nicht *eine* Person. Er ist in seiner Einheit mit sich lebendige Beziehungseinheit, Austausch und die Liebe zwischen den Personen des Vaters und des Sohnes und der Person des sie einenden Geistes. Das Höchste, das Absolute, ist somit nach christlichem Verständnis nicht ein einsames Ich, sondern in sich selbst stehende Interpersonalität. So ist Gott auch Urbild von uns Menschen als seinen Abbildern (Gen 1, 27). Denn auch unser Menschsein vollendet sich in der Beziehung.

4. Dieses Miteinander in Gott öffnet ihn in ihm selbst für das Andere, und dann auch für das Andere zu ihm als Gott, d.h. zur Welt. Sein Ziel ist es, die Welt in sein eigenes Miteinander einzubeziehen. Der Schritt dazu ist seine Menschwerdung. Doch wollte er mit diesem Schritt die Welt nicht überfallen. Gott wollte von ihr in Freiheit aufgenommen werden. Das entscheidende Ja dazu hat Maria gegeben. Sie hat es für den ganzen Kosmos getan. Doch ist dieses Ja zugleich durch Gott, durch seinen Geist ermöglicht. Die „Jungfrauengeburt" bedeutet genau dies. Das von Maria gesprochene Ja ist reine Gnade, nicht eine Prolongierung der Welt und ihrer Möglichkeiten. Und dieses begnadete Ja ist *allein* der „Ort", in dem Gott Wohnung genommen hat unter den Menschen. In drei Artikeln wird von den

drei Konfessionen, jeweils nach den eigenen Akzentuierungen, die Verehrung Marias als „Mutter des Herrn" dargestellt.

5. Aber was heißt es, dass Jesus, in dem Gott Mensch geworden ist, für uns gelitten hat und für uns gestorben ist, und dass dieses „Für uns" unsere Trennung von Gott aufhebt, da Gott mit dieser Tat uns unsere Sünden vergibt? Hätte Gott diese Vergebung nicht einfach durch ein Dekret verfügen können? Doch hätte dies nie wirkliche Vergebung sein können. Vergebung ist nur dort möglich, wo der Vergebende selbst betroffen und verletzt war. Gott hat sich durch das Nein der Welt zu ihm treffen lassen und auch von allen Einwänden, die gegen ihn erbracht wurden und werden. Aber indem er diese Verwundung ausgelitten hat und Gott geblieben ist, hat er den Sieg des Lebens über dessen Verwundung und Verneinung offenbart.

6. Vor seinem Tod hat Jesus die Botschaft von der alleinigen Herrschaft Gottes, die sich noch zeigen wird und die jetzt schon gegenwärtig ist, verkündet. Es ist die Botschaft von der *Nähe* „der Herrschaft Gottes". Es ist eine liebende und um den Menschen sich sorgende Herrschaft. An diese Liebe darf der Mensch glauben, und Jesus macht sie in seinem Handeln gegenwärtig, indem er heilt, Menschen innerlich aufrichtet und verengende Gebote relativiert. In diese Liebe sollen wir einstimmen, dürfen uns aber auch von ihr getragen wissen.

7. Die in diesem Glauben zusammengeschlossene Gemeinde ist die Kirche. Man tritt in sie ein durch das Bekenntnis des Glaubens. Dieses Bekenntnis ist Gottes Geschenk. Es ist Gnade. Jener Schritt im Bewusstsein dieser Gnade getan ist die Taufe. Gott selbst fundiert seine Kirche und ist in ihr präsent. Seine Präsenz im Akt der Taufe macht sie zum „Sakrament", d.h. zur sichtbaren Gegenwart Gottes im Leben seiner Kirche. Aber diese Sakramentalität ist nicht nur beim Eintritt in die Kirche gegeben. Denn die Kirche lebt aus der gemeinsamen Erinnerung an das Abendmahl Jesu mit seinen Jüngern, in welchem er die Austeilung von Brot und Wein mit den Worten „tut dies zu meinem Gedächtnis!" zur Verheißung seiner bleibenden

Gegenwart in seiner Kirche macht, der realen Gegenwart seiner den Tod überwindenden Liebe, in die alle einbezogen sind, wenn sie gemeinsam dieses Mahl wiederholend feiern. Die Kirche lebt und erlebt sich selbst als Gemeinschaft des Glaubens in dieser regelmäßigen Feier. Die sich hier zeigende Sakramentalität der Kirche wird von den drei Konfessionen (Katholiken, Protestanten und Orthodoxen) in eigenen Artikeln behandelt. Das ist wichtig, weil in ihnen der Sakramentbegriff eine verschiedene Ausweitung erfahren hat. Das Sakrament des Schuldbekenntnisses ist noch allen gemeinsam, nicht aber die Sakramente der Ehe, der Priesterweihe oder der Krankensalbung. Aber auch hier begegnen die Konfessionen heute einander mit Respekt und der Anerkenntnis, dass in all diesen Vollzügen der Kirche der Herr gegenwärtig ist, obwohl die beiden das Leben der Kirche schlechthin konstituierenden Sakramente Taufe und Eucharistie bleiben.

8. Der Glaube an den Mensch gewordenen Gott gipfelt in dem Glauben an seine Auferstehung von den Toten in ein Leben hinein, in das auch wir einbezogen werden sollen. Darin besteht unsere Hoffnung über den Tod hinaus. Diese Hoffnung ist keineswegs nur eine vertröstende Ablenkung von unserem gegenwärtigen Dasein. Sie macht vielmehr unser vergängliches Leben transparent auf seine Ewigkeitsbedeutung. Die Freude am Leben, die uns jene Hoffnung verleiht, wird besonders in der reichen Osterfestlichkeit der orthodoxen Liturgie für jeden erlebbar.

9. Der Glaube muss verstanden werden. Nur dann ist er mitteilbar. Dazu brauchen wir einen Raum vermittelnder Kommunikation in Sprache und Denken. Um einen solchen muss sich der Christ immer wieder neu bemühen. Dabei kann auch die Philosophie helfen. Denn ihr war von ihren Anfängen an das die Menschen verbindende Medium der Vernunft das große Anliegen. Aus diesem Grund soll am Ende der Versuch gemacht werden, im Ausgang von einer philosophischen Perspektive und ihrer Überschreitung in den Glauben einen philo-

sophisch-theologischen Zugang zum Glauben an Gott und an die Auferstehung frei zu legen.

1. Der christliche Glaube an den personalen Gott. Was bedeutet der Glaube des Christentums an Gott als Person?

Markus Enders

Inhalt

Der christliche Gott ist ein personaler Gott. Das bedeutet, dass er ein Gott mit personalen Eigenschaften ist, mit Eigenschaften also, die wir gewöhnlich Personen zuschreiben. Personen sind uns aber meist nur als menschliche Personen bekannt. Deshalb wird zunächst untersucht, welche allgemeinen Eigenschaften menschliche Personen besitzen. Erst danach wird gefragt, ob und in welcher Form diese personalen Eigenschaften von Menschen auf andere geistbegabte Wesen und vor allem auf den Gott des Christentums übertragen werden können. Die Summe der am Menschen aufgewiesenen allgemeinen personalen Eigenschaften, nämlich der Geistbesitz, der Besitz eines freien Willens, die Selbständigkeit und Individualität des eigenen Seins, dessen unverfügbare Würde bzw. unermesslicher Wert sowie das Erkenntnis- und das Anerkennungsvermögen insbesondere von ethischen Werten sowie die Kommunikationsfähigkeit, die Sozialität und das Liebesvermögen wird in einem zweiten Schritt auf ein rein geistiges, d. h. leibloses, Wesen übertragen, das von keinem anderen Wesen hervorgebracht ist, sondern durch und aus sich selbst existiert, mit anderen Worten: Auf den Gott, an den das Christentum glaubt. Diese Übertragung der am unvollkommenen Menschen gleichsam abgelesenen allgemeinen personalen Eigenschaften auf die vollkommene Person Gottes führt daher zu der abschließenden Erkenntnis: Der Gott des Christentums ist nicht nur Geist, und zwar absoluter, allwissender Geist, sondern auch und vor allem reine, vollkommene Liebe. Diese Liebe aber, die der personale Gott des Christentums in sich selbst ist, will er mit anderen Personen und daher auch und ganz besonders mit uns Menschen teilen.

---

1 Der christliche Glaube an einen personalen Gott ist eine Zumutung und Provokation für das menschliche Erfahrungswissen

Allen Konfessionen innerhalb des Christentums, ist es gemeinsam, dass sie an einen personalen Gott glauben, sodass wir festhalten können: Das Christentum glaubt an einen personalen Gott. Das Christentum glaubt also daran, dass Gott als der Schöpfer der Welt und als das Heil für uns Menschen ein personales Wesen und keine unpersönliche bzw. apersonale Größe ist. Diese fundamentale Glaubensüberzeugung des Christentums klingt zunächst sehr einfach und leicht verständlich. Denn jeder Mensch hat zumindest ein Vorverständnis davon, was es bedeutet, eine Person zu sein, und zwar im Unterschied zu Lebewesen, denen das Person-Sein fehlt, wie etwa den Tieren und den Pflanzen. Wenn wir aber genau anzugeben versuchen, was es bedeutet, eine Person zu sein, dann werden wir uns dessen bewusst, dass dieser Begriff – der Begriff der Person – zumindest erklärungs- und erläuterungsbedürftig ist, mit anderen Worten: dass es keineswegs so einfach und leicht ist, allgemein zu bestimmen, worin das Person-Sein besteht.

Dabei gehen wir in unserem Vorverständnis dessen, was es bedeutet, eine Person zu sein, wie selbstverständlich davon aus, dass das Person-Sein eine Eigenschaft ist, die auf uns Menschen beschränkt ist, denn von Personen, die keine Menschen sind, haben wir normalerweise keine Wahrnehmung und Erfahrung. Deshalb kommt das christliche Bekenntnis, dass Gott eine Person ist bzw. eine Persönlichkeit besitzt, insbesondere den nicht an einen personalen Gott glaubenden Menschen zunächst befremdlich und merkwürdig, wenn nicht gar lächerlich vor. Denn der christlich geglaubte Gott soll ja nach christlichem Verständnis ein höheres und anderes Wesen sein als wir Menschen – wie kann er dann aber überhaupt eine Person sein, wo es doch nach der allgemein menschlichen Erfahrung nur menschliche Personen bzw. Personen nur als Menschen gibt? Der christliche Glaube an einen personalen Gott ist deshalb für den allgemeinen Menschenverstand und unsere alltägliche Erfahrung, die wir meist unbesehen als normativ und damit als gültig voraussetzen, eine Zumutung und eine Provokation. Dessen sind sich die Christen meist zu wenig bewusst. Das Christentum behauptet also entgegen unserem Augenschein, d. h. gegen die allgemein menschliche Erfahrung, dass die Eigenschaft, eine Person zu sein, nicht auf uns Menschen beschränkt ist, sondern auch noch anderen Wesen als uns Menschen, allen voran aber Gott selbst zukommt. Deshalb erscheint diese Behauptung zunächst unglaubwürdig und bedarf daher einer rational nachvollziehbaren Begründung. Eine solche Begründung für die Existenz eines personalen Gottes können wir in diesem Zusammenhang jedoch nicht geben. Wir müssen uns vielmehr darauf beschränken, diese Behauptung des Christentums, Gott sei eine Person, näher zu erläutern. Damit wollen wir zeigen, dass sich diese Behauptung, ‚Gott ist eine Person' widerspruchsfrei denken lässt. Zu diesem Zweck müssen wir zunächst eine allgemeine Beschreibung dessen geben, was es bedeutet, eine Person zu sein. Wir können dabei mithilfe der folgenden rationalen Überlegung erschließen, dass es grundsätzlich überhaupt nur drei Arten von Personen geben kann: Eine Person kann nur 1. ein zugleich leibliches (und somit auch geschaffenes) als auch geistiges Wesen (also ein Mensch) oder 2. ein rein geistiges und geschaffenes Wesen (d. h. ein Engel) oder 3. ein rein geistiges und ungeschaffenes Wesen (also Gott) sein. Eine weitere Verwirklichungsform von Personen ist nicht widerspruchsfrei denkbar und daher auch nicht real möglich. Denn daneben gibt es nur noch die Lebewesen, die kein geistiges Selbstbewusstsein besitzen. Diese Lebewesen besitzen deshalb auch kein personales Sein.

2 *Was bedeutet es, eine Person zu sein?*

2.1 *Zum Person-Sein gehören Geistbesitz und damit Selbstbewusstsein und Fremd- bzw. Weltbewusstsein und der Besitz eines freien Willens*

Wenn wir eine Antwort auf die Frage suchen, was es bedeutet, eine Person zu sein, gehen wir natürlicherweise von unserem alltäglichen Erfahrungswissen aus. Dieses aber sagt uns, dass die Eigenschaft, eine Person zu sein, nur den Menschen und nicht auch anderen Lebewesen auf unserem Planeten zukommt. Worin, d. h. in welchen Merkmalen, besteht nun die dem Anschein nach exklusiv menschliche Eigenschaft, eine Person zu sein? Menschliche Personen sind Träger von unverfügbaren Rechten und Pflichten, und zwar aufgrund bestimmter Eigenschaften, die ihnen als menschliche Personen zukommen. Diese Rechte und Pflichten von Personen kennen wir Deutsche aus dem Grundgesetz, d. h. aus der freiheitlich-demokratischen Verfassung unseres Gemeinwesens.

Der Natur nach zuerst und damit grundlegend für alle weiteren Persönlichkeitsmerkmale ist die Unverfügbarkeit der Würde des Menschen, d. h. seiner selbstbewussten Geistnatur und seines sich daraus ableitenden Selbstbestimmungsvermögens. Personen können aufgrund ihrer Geistnatur „Ich" sagen und ein geistiges Selbstverhältnis, eine Subjektivität, ein Für-sich-Sein, besitzen. Diese geistige Selbstgegenwart von Personen ist eine notwendige Voraussetzung bzw. Bedingung dafür, dass Personen auch über ein willentliches Selbstbestimmungsvermögen verfügen, d. h. für ihre Freiheit, die daher in der Natur einer Person liegt. Diese wesenhafte Freiheit von Personen konkretisiert sich bei menschlichen Personen in vielen materialen Freiheitsrechten wie etwa in dem Recht auf körperliche Unversehrtheit, auf freie Meinungsäußerung unter Wahrung der Würde anderer Personen, in dem Recht auf politische Wahlfreiheit, auf Eigentumsbildung, auf die freie Berufs- und

Ortswahl, auf die freie Wahl der Lebensform einschließlich der freien Partnerwahl sowie in dem Recht auf sexuelle Selbstbestimmung. Mit anderen Worten: Eine Person besitzt aufgrund ihrer Geistnatur ein Vermögen zur prinzipiell freien Bestimmung ihres Verhältnisses zu sich selbst und zu der sie umgebenden Welt. Dieses Vermögen kommt den menschlichen Personen als ein allgemein gültiges Menschenrecht zu und sollte daher auch von den positiven staatlichen Rechtsordnungen anerkannt und geschützt werden.

Fassen wir zusammen: Eine Person zeichnet sich von Wesen bzw. Naturen, die keine Personen sind, erstens grundsätzlich durch ihren Geistbesitz aus, der zwei intellektuelle Grundvermögen einschließt:

a) das Vermögen des Selbstbewusstseins und damit eines zumindest relativ freien Selbstbesitzes, dabei darf man sich das personale Selbstbewusstsein des Menschen nicht als eine abgekapselte Ich-Einheit vorstellen, sondern eher als eine Beziehungseinheit, d. h. als ein Bewusstsein, ein Selbst in Unterscheidung zu anderem zu sein; und
b) ein Bewusstsein von fremder bzw. anderer Wirklichkeit (als der des eigenen Seins), d. h. ein Weltbewusstsein.

Personaler Geistbesitz schließt also grundlegend das Vermögen sowohl des Selbstbewusstseins als auch des Fremd- bzw. Weltbewusstseins in sich ein. Personaler Geistbesitz bedeutet daher den Besitz eines prinzipiell freien bzw. für andere Personen unverfügbaren Verhältnisses zu sich selbst und eines ebenso freien bewusstseins- bzw. erkenntnismäßigen Verhältnisses zur Welt, sofern die Welt gleichsam die Außenseite des personalen Bewusstseins ist. Denn in ihrem Wissen von fremder, anderer Wirklichkeit (als der des eigenen Seins) verfügt eine Person gleichsam über einen Ausschnitt der Welt. Wie verhalten sich nun das Selbst- und das Weltbewusstsein von Personen zueinander?

Bei nicht-personalen Lebewesen dient das Selbstverhältnis sowie der Bezug zur Außenwelt primär der Art- und Selbsterhaltung und damit dem Zweck ihrer Gattung. Bei menschlichen Personen dagegen tritt der Zweck ihrer Gattung, nämlich die Erhaltung und Weitergabe ihres eigenen Lebens, in den Hintergrund. Denn bei menschlichen Personen steht die individuelle Sinngebung des eigenen Daseins an erster Stelle. Bei den menschlichen Personen wie überhaupt bei jedem personalen Sein dominiert also das Für-sich-Sein, d. h. der Selbstbezug, das An-sich-Sein, d. h. das bloße Vorhanden- bzw. Gegeben-Sein. Daher besteht z. B. in den überindividualisierten Lebensverhältnissen postmoderner Gesellschaften die Gefahr einer Auflösung des menschlichen An-sich-Seins in das menschliche Für-sich-Sein. Das Selbstbewusstsein von Personen dominiert ihr Fremd- bzw. Weltbewusstsein aber in der Weise, dass sie ihr Selbstbewusstsein in ihrem Weltbewusstsein niemals verlieren und deshalb kein völlig selbstvergessenes Weltbewusstsein besitzen können. Vielmehr ist das Fremd- bzw. Weltbewusstsein von Personen ein integraler Bestandteil ihres Selbstbewusstseins. Wir können daher auch einfacher sagen: Eine Person ist ein Subjekt, d. h. ein Seiendes, das sich zu sich selbst verhält, indem es sich zu anderem verhält, also ein Selbstverhältnis im Verhältnis zu anderem. Diese Verhältnisbestimmung zwischen dem Selbst- und dem Weltbewusstsein von Personen liegt in der Natur des Erkennens selbst begründet. Denn das Erkennen von anderem ist Sein-beim-Anderen in der Form des Bei-sich-Seins, weil der Erkenntnisvollzug vom Erkenntnissubjekt ausgeht und wieder in diesem endet, da beim Erkennen des Anderen ein geistiges Abbild des Erkenntnisgegenstandes in den Geist des Erkenntnissubjekts aufgenommen wird.

Diese beiden genannten intellektuellen Grundvermögen einer geistbesitzenden Natur, d. h. einer Person, sind zwar Vermögen, die allen Personen als Personen grundsätzlich zukommen, sie haben aber erfahrungsgemäß schon bei den verschiedenen menschlichen Personen eine unterschiedlich starke Ausprägung ihrer Qualität und ihrer Quantität. Mit anderen Worten: Alle menschlichen Personen verfügen zwar über das Vermögen sowohl des Selbstbewusstseins als auch des Weltbewusstseins, aber erfahrungsgemäß in unterschiedlich starkem Maße und Umfang. Wenn aber Selbst- und Welterkenntnis bei menschlichen Personen in qualitativ und quantitativ unterschiedlichem Maß verwirklicht sind, warum sollten sie dann nicht bei nichtmenschlichen Personen – sofern es solche gibt – ebenfalls unterschiedlich stark verwirklicht sein?

Mit diesem Analogieschluss ist die Frage nach der Existenz von nichtmenschlichen Personen wie z. B. Gott noch nicht rational befriedigend beantwortet, wohl aber ist damit als wahrscheinlich aufgewiesen, dass, wenn es nichtmenschliche Personen gibt, diese auch in qualitativ unterschiedlicher Weise zur Selbst- und Welterkenntnis fähig sind.

Eine Person zeichnet sich aber nicht nur durch ihre beiden geistigen Grundvermögen der Selbst- und der Welterkenntnis, des Selbst- und des Fremdbewusstseins, aus, sondern zweitens auch durch ihre Freiheit, d. h. durch das Selbstbestimmungsvermögen ihres Willens. Der Wille von geistbegabten Naturen, d. h. von Personen, besitzt aber genauso wie ihr geistiges Vermögen zwei Seiten: eine selbstbezügliche und eine nach außen, d. h. auf anderes, bezogene Seite. Mit anderen Worten: Der Wille von Personen ist grundlegend auf sich selbst bezogen, will also sich selbst, seine eigene Wirksamkeit und Tätigkeit. Dieser reflexive, selbstbezogene Grundzug des personalen Willens ist daher in seiner natürlichen Verfassung auf seine Selbstbehauptung und Selbstbewahrung ausgerichtet. Genau deshalb ist diese Seite des Willens einer Person auch prinzipiell frei. Man bezeichnet diese Freiheit des personalen Willens auch als seine transzendentale Freiheit, weil sie die notwendige Bedingung für die zweite Seite des personalen Willens, seine kategoriale Entscheidungsfreiheit, darstellt. Mit dieser kategorialen Entscheidungsfreiheit des personalen Willens ist dessen Freiheit gemeint, sich in seinem weltbezogenen, äußeren Verhalten für bestimmte Handlungs- und Verhaltensweisen entscheiden zu können. Denn darin besteht gleichsam die zweite Seite des personalen Willens, nämlich in seinem intentionalen, auf bestimmte Handlungsoptionen bezogenen Verhältnis zu anderem als seinem eigenen Sein. In diesem kategorialen Weltverhältnis ist der personale Wille nicht immer frei, wie wir aus Erfahrung wissen, wohl aber in seiner zuerst genannten Seite, seinem Selbstverhältnis, d. h. darin, sich selbst zu wollen. Denn menschlichen Personen kann eine von ihnen gewollte Handlungsoption von außen her bzw. zwangsweise vorenthalten werden; dagegen kann ihnen die Selbstbejahung ihres eigenen Willens jedoch nicht vorenthalten werden, diese ist und bleibt in jedem Falle frei.

Bei einem geistbegabten Wesen sind das Selbstverhältnis und das Fremd- bzw. Weltverhältnis seines personalen Willens ihrerseits durch dasselbe Verhältnis zueinander bestimmt wie das Selbst- und das Weltbewusstsein dieser Person. Mit anderen Worten: Im Wollen bestimmter externer Objekte bzw. bestimmter, nach außen gerichteter Handlungen oder Verhaltensweisen kann ein personaler Wille niemals aufhören, sich selbst zu wollen. Sein Wollen von Objekten, die sich außerhalb seines eigenen Willensvermögens befinden, ist vielmehr nur möglich, wenn er zugleich sich selbst will, d. h. im Selbstbezug. Diese Verhältnisbestimmung zwischen dem Selbst- und dem Weltverhältnis des personalen Willens liegt begründet in der Natur des Wollens als einer Ausrichtung auf bzw. als eines Strebens nach dem Gewollten. Denn dieses nach außen gerichtete, erstrebende Wollen einer Person stellt deren Bei-sich-Sein in der Form ihres Seins-beim-Anderen dar, indem der Willens- bzw. der Strebensvollzug vom Subjekt dieses Vollzugs ausgeht, sich auf das Gewollte bzw. Erstrebte ausrichtet und dieses nach dessen Erhalt zu sich führt, d. h. wieder bei sich endet. Diese Verhältnisbestimmung zwischen dem Selbst- und dem Weltverhältnis des personalen Willens ist eine wesentliche Eigenschaft eines personalen Wesens. Sie besteht nicht nur bei menschlichen, sondern auch bei außermenschlichen Personen und damit auch bei Gott. In Anwendung auf Gott bedeutet dies, dass zwischen Gottes Liebe zu sich selbst und seiner Liebe zu seiner Schöpfung kein Widerspruch oder Gegensatz gegeben ist, sondern beides zugleich besteht, in ein und demselben Akt bzw. Vollzug. Im Unterschied zum menschlichen Willen ist der Wille Gottes aber in beiden Bezügen stets ganz und gar frei, d. h. nicht nur in seinem Selbstverhältnis, sondern auch in seinem Bezug nach außen, auf seine Schöpfung.

2.2 Zum Person-Sein gehören ferner der Selbststand, d. h. eine selbstbewegte, individuelle Substanz zu sein, dann auch eine unendliche Wertigkeit bzw. Würde sowie der Besitz des Erkenntnis- und des Anerkennungsvermögens von seinsmäßigen und von sittlichen Werten

Wesensmäßige personale Eigenschaften, die jeder Person als solcher zukommen, erschöpfen sich aber nicht in dem Vermögen des Selbstbewusstseins, des Weltbewusstseins sowie des freien Willens. Denn diese geistigen Vermögen schweben nicht im gleichsam luftleeren Raum, sondern sie gehören als personale Grundeigenschaften stets zu einer geistigen Trägersubstanz, die zudem individualisiert ist. Personen besitzen demnach eine individuelle Substanz, die ihr Sein einzigartig und unverwechselbar macht. Das gilt auch für die geschaffenen, reinen Geistwesen, die in der christlichen Tradition sogenannten Engel, die ebenfalls individuelle Substanzen darstellen.[1]

Beiden, sowohl den Personen der reinen, d. h. leiblosen, aber geschaffenen Geistwesen und den menschlichen Personen, ist ferner zweierlei gemeinsam:

Erstens existieren sie als individuelle Substanzen. Substanziell zu existieren aber bedeutet, durch und aus sich selbst und nicht als eine veränderliche Eigenschaft an einer anderen Trägersubstanz zu existieren. Mit anderen Worten: Personen besitzen eine selbständige Seinsweise; sie sind nicht nur geistbegabte, sondern auch selbstbewegte und zudem individuelle, d. h. einzigartige und einmalige Substanzen. In dieser ihrer Selbständigkeit liegt auch die Schöpferkraft und die Spontaneität von Personen begründet, die Neues hervorzubringen imstande sind. Die Individualität, das Einmalige und Einzigartige jeder Person aber ist für Personen mit einem endlichen Erkenntnisvermögen, wie für uns Menschen, letztlich unbegreifbar und deshalb auch unaussprechlich. Wir können daher festhalten: Der unverfügbare Geheimnischarakter jeder Person liegt in der abgründigen Tiefe ihrer letztlich unzugänglichen Individualität begründet.

Zweitens sind nach christlichem Glauben die Personen der reinen, d. h. leiblosen, geschaffenen Geistwesen und die menschlichen Personen Geschöpfe Gottes. Zu ihrem personalen Sein gehört also die Geschöpflichkeit. Als Geschöpfe Gottes sind sie aber in Bezug nicht nur auf den Anfang, sondern auch auf das Bestehen und schließlich auch auf das Ziel ihrer Existenz entweder vollkommen oder teilweise abhängig von der Schöpfertätigkeit Gottes. Diese ihre wesenhafte Geschöpflichkeit setzt der Selbständigkeit und damit der Freiheit ihrer Existenz daher relativ enge Grenzen. Dieser Einschränkung ist das personale Sein Gottes nicht unterworfen, weil Gott kein Geschöpf ist, sondern immer schon durch und aus sich selbst existiert.

Ferner kommt dem Sein der personalen Substanzen auf Grund ihrer Geistnatur und des ihr innewohnenden freiheitlichen Selbstbestimmungsvermögens ein unendlicher und daher unbedingt zu achtender Wert bzw. eine unverfügbare und unantastbare Würde zu. Aus dieser Würde der menschlichen Person werden etwa vom Grundgesetz der Bundesrepublik Deutschland die allgemeinen Menschenrechte abgeleitet, die Freiheitsrechte menschlicher Personen darstellen, wie wir bereits gesehen haben.

Ferner besitzen Personen jeder Art und damit nicht nur die menschlichen Personen auch ein Bewusstsein von der Gültigkeit seinsmäßiger (ontischer) und ethischer Werte wie etwa des unverfügbaren und des unschätzbaren Wertes einer Person sowie etwa der ethischen Werte des Gerechten und des Maßes. Personen können diese Werte aber nicht nur in ihrer Gültigkeit erkennen, sondern sie besitzen auch das Vermögen, diese Werte zu bejahen und durch die Zustimmung ihres Willens zu ihnen als für sich verpflichtend anzuerkennen. Diese Erkenntnis- und Anerkennungsfähigkeit ethischer Werte ist daher eine charakteristische Eigenschaft von Personen, die wir auch als ihre Moralitätsfähigkeit bzw. als ihr Vermögen zur Verwirklichung des ethisch Guten und des ethisch Schlechten, d. h. des Bösen, bezeichnen können. Denn in ihrer Freiheit können Personen auch das von ihnen erkannte ethisch Gute verneinen und ablehnen, d. h. böse Willensakte vollziehen. Über diese Fähigkeit hinaus unterliegen Personen allerdings auch der Pflicht bzw. dem naturrechtlichen Erfordernis zur Verwirklichung des Guten; sie sind dem ethisch Guten um seiner selbst willen verpflichtet und ihm gegenüber verantwortlich. Dies, der Besitz des Vermögens zum Guten wie zum Bösen, und die normative Verpflichtung auf das Gute kommt gemäß christlichem Glauben aber nicht nur den menschlichen und den engelhaften Personen, sondern auch Gott selbst zu. Während jedoch die beiden erstgenannten Person-Arten von dem Vermögen zum Bösen leider häufig Gebrauch machen, ist dies bei Gott aus seinem ebenfalls freien, aber vollkommen guten Willen nie der Fall.

2.3 *Kommunikationsfähigkeit, Gemeinschaftlichkeit und das Liebesvermögen als weitere Eigenschaften von Personen*

Zum Person-Sein des Menschen gehören ferner seine Sprachlichkeit, Sozialität, Geschichtlichkeit, Leiblichkeit und

Geschlechtlichkeit. Von diesen Eigenschaften stellen die Geschichtlichkeit, die Leiblichkeit und die Geschlechtlichkeit spezifische Merkmale der menschlichen Person dar, die den geschaffenen, reinen Geistwesen und dem christlich geglaubten Gott nicht zukommen. Es handelt sich bei ihnen also nicht um Eigenschaften jeder möglichen Art von Personen. Anders verhält es sich mit der Sprachlichkeit und der Sozialität. Denn das Spezifikum einer (inter-)personalen Kommunikation und der personalen Sprache als deren Instrument ist ihre Prägung durch die Individualität der Person. Denn Personen drücken ihr eigenes, besonderes Selbst- und Weltverhältnis und somit sich selbst sprachlich aus, im Unterschied zur unpersönlichen Sprache der Tiere oder der Artefakte, die in der Kommunikation nicht sich selbst meinen und ausdrücken, sondern nur etwas. Dieses spezifisch personale Verständnis von Sprachlichkeit können wir daher als eine personale Eigenschaft auffassen. Nach christlichem Verständnis kommt diese personale Sprachlichkeit sowohl den menschlichen als auch den nichtmenschlichen Personen, d. h. den Engeln, und sogar Gott selbst zu, sofern Gott als das höchste Gute in höchstem Maße „communicativum sui", d. h. ein sich selbst mitteilendes Wesen ist. Gott teilt sich sowohl in sich selbst im innergöttlichen Verhältnis zwischen den drei göttlichen Personen des dreifaltigen Gottes als auch in seinem Verhältnis zu seiner Schöpfung mit, insbesondere in seiner christlich geglaubten Offenbarung an den Menschen. Die Kommunikation zwischen Personen dient also letztlich und entscheidend – über einen sachlichen Informationsaustausch zwischen Personen primär derselben Seinsart hinaus – der persönlichen Selbstmitteilung an andere Personen, die für personales Sein ebenfalls charakteristisch ist.

In dieser personalen Eigenschaft der Sprachlichkeit ist die zweite genannte personale Eigenschaft der Sozialität bzw. der Gemeinschaftsbezogenheit bereits enthalten und eingeschlossen. Denn Personen existieren nicht als völlig einsame, voneinander getrennte und isolierte Individuen, sondern sie leben in

Gemeinschaft miteinander; der Gemeinschaftsbezug, der Austausch und die Kommunikation zwischen Personen, d. h. die Intersubjektivität, ist ebenso konstitutiv für personales Sein. Das Spezifikum (inter-)personaler Sozialität ist aber der individuelle Ausdruck des Selbst- und Weltbezugs einer jeden Person (und somit ihre Einzigartigkeit) in ihren sozialen Bezügen, die sich somit nicht z. B. auf bloße Funktionen oder Rollen reduzieren lässt. Dies gilt nicht nur für das personale Menschsein, sondern auch für das Personsein der Engel, die nach christlichem Verständnis in nach dem Grad ihrer Teilnahme am göttlichen Leben hierarchisch geordneten Chören zu großen Gemeinschaften zusammengefasst sind. In höchstem Maße gilt dies aber für Gott selbst, und zwar in zweifacher Hinsicht: Denn nach christlichem Verständnis ist Gott in sich selbst eine intime Gemeinschaft aus drei Personen, die ein gemeinsames Wesen, aber eine unterschiedliche personale Eigentümlichkeit und vor allem die innigste, größte und liebevollste Gemeinschaft miteinander besitzen, die überhaupt nur möglich ist. Darüber hinaus hat der dreifaltige Gott des Christentums Gemeinschaft nicht nur mit den Engeln, besonders mit denen, die ihn gleichsam umgeben und sein Angesicht schauen, sondern auch mit uns Menschen. Denn er hat nach christlichem Glauben sich selbst uns geoffenbart und mitgeteilt, und zwar in größtmöglicher Weise in seinem Mensch gewordenen Sohn Jesus Christus. Gott hat in seiner Menschwerdung die für ihn größtmögliche Gemeinschaft mit uns Menschen gesucht und aufgenommen, weil er ein vollkommen liebendes Wesen ist, denn die personale Liebe sucht die Nähe und Gemeinschaft mit der geliebten Person.

3 Was bedeutet es, dass der Gott des Christentums als eine Person existiert?

Die Eigenschaften, die wir im zweiten Kapitel als allgemeine Wesensmerkmale von Personen bestimmt haben, kommen nach dem christlichen Glauben daher auch Gott selbst zu, weil das Christentum bekennt, dass Gott eine Person und sogar eine Gemeinschaft von drei Personen ist. Im Unterschied zu den menschlichen Personen und den Personen der geschaffenen Geistwesen (Engel) kommen diese allgemein personalen Eigenschaften dem Gott des Christentums aber in vollkommenem Maße zu, da das Christentum glaubt, dass alle Eigenschaften Gottes perfekt sind, weil Gott das schlechthin, d. h. in jeder möglichen Hinsicht, unübertreffliche Wesen ist. Deshalb muss der christlich geglaubte Gott ein geistiges Subjekt sein, das ein vollkommenes Selbst- und Weltbewusstsein besitzt, das also sich selbst und alles andere vollkommen erkennt und weiß. Er muss ferner einen vollkommen freien und einen ethisch vollkommen guten Willen haben, sodass er immer nur das Bestmögliche will. Drittens muss der Gott des Christentums einen vollkommenen Selbststand besitzen, d. h. eine Substanz sein, die in jeder Hinsicht aus und durch sich selbst und von allem anderen gänzlich unabhängig existiert – im Unterschied zu den geschaffenen Personen. Er muss viertens auch eine einzigartige Person sein, weil ein schlechthin vollkommenes Wesen nur ein einziges Mal verwirklicht sein kann, wenn es wirklich ist. Der Gott des Christentums muss fünftens ein absolutes Geheimnis für alle anderen, von ihm verschiedenen Personen sein, d. h. er muss für die natürliche Erkenntniskraft anderer Personen letztlich unbegreiflich und verborgen sein. Sechstens weiß der christlich geglaubte Gott in vollkommener Weise um die Gültigkeit seinsmäßiger und ethischer Werte und er erkennt vollständig das Wesen des seinsmäßig und des ethisch Guten, weil dies mit seinem eigenen Wesen identisch ist, das er in vollkommener Weise selbst erkennt. Er weiß aber nicht nur um das Wesen des Guten, sondern er bejaht und will das Gute in vollkommener Weise, indem er sich selbst liebt und bejaht. In seine vollkommene Selbstliebe einbezogen ist seine qualitativ vollkommene und quantitativ unbegrenzte, mithin universelle Liebe zu allem anderen, d. h. zu allen seinen Geschöpfen, in besonderer Weise aber zu den ihm ähnlichsten Geschöpfen, denen er sich selbst als das für sie Beste mitteilt und schenkt. Denn der Gott des Christentums ist aufgrund seiner unübertrefflichen Seinsvollkommenheit ein sich selbst in sich selbst und nach außen mitteilendes Wesen; er ist „communio", Gemeinschaft, in sich selbst und mit allen erkenntnis- und liebesfähigen Geschöpfen, weil er in seinem personalen Wesen vollkommene Liebe ist. Es liegt aber in der Natur der personalen Liebe, dass sie nicht bei sich selbst bleibt, sondern sich selbst anderen Personen schenkt und hingibt. Deshalb, weil sie die Wirklichkeit der freien Selbsthingabe ist, ist die personale Liebe nach christlicher Überzeugung die höchste und wertvollste Eigenschaft von Personen. Der personale Gott des Christentums ist daher als das schlechthin unübertreffliche Wesen nicht nur absoluter Geist, sondern auch und vor allem reine, vollkommene Liebe.

Empfehlungen für weiterführende Literatur:

Josef Schmidt, *Philosophische Theologie* (*Grundkurs Philosophie* 5), Stuttgart: Kohlhammer, 2003, S. 213–239 (Zweiter Teil, I. Zur Personalität des Absoluten).

Klaus Berger, *Ist Gott Person? Ein Weg zum Verstehen des christlichen Gottesbildes*, Gütersloh: Gütersloher Verlagshaus, 2004.

Wilfried Härle/Reiner Preul (Hgg.), *Marburger Jahrbuch Theologie* XIX: *Personalität Gottes* (*Marburger Theologische Studien* 101), Leipzig: Evangelische Verlagsanstalt, 2007.

2. Im Anfang schuf Gott Himmel und Erde

Gregor Etzelmüller

Inhalt

Weil Gott ein Gott ist, der nicht mit sich allein sein will, ruft er aus seiner Liebe heraus die Schöpfung ins Leben. Schöpfungslehre und Evolutionstheorie bilden dabei keinen Widerspruch: Gott begleitet seine Schöpfung in ihrem evolutionären Werden, so dass durch das Zusammenspiel der uns bekannten Welt, der Erde, und den Inspirationen Gottes, dem Himmel, komplexere Formen des Lebens entstehen, die sich als lebensförderlich erweisen. Weil Gott in diesem Prozess aber darauf angewiesen ist, unter den Geschöpfen Resonanz zu finden, weil er seiner Schöpfung die Freiheit geschenkt hat, ihre eigenen Möglichkeiten selbst auszuloten, kann es in der Schöpfung zu chaotischen und lebensabträglichen Prozessen kommen, die Gottes Willen nicht entsprechen. Deshalb wenden sich Menschen betend an Gott: Dein Wille geschehe – wie im Himmel so auf Erden. Der Dank für die Schöpfung und der Protest gegen alles, was Gottes Gegenwart in dieser Welt verstellt, gehören zusammen.

Die Hebräische Bibel, das Alte Testament der christlichen Bibel, beginnt mit dem Satz: „Im Anfang schuf Gott Himmel und Erde“ (Gen 1,1). Schon dieser erste Satz verdeutlicht: Der Gott, zu dem sich der christliche Glaube bekennt, ist ein Gott, der nicht für sich bleiben will, sondern ein Gott, der sich ein Gegenüber sucht und schafft. Gott ist durch nichts so sehr geprägt wie durch seinen Willen zur Gemeinschaft mit den Menschen und seiner ganzen Schöpfung.

Der christliche Glaube erkennt dies im Blick auf Jesus Christus. Die Menschwerdung, Gottes Eintritt in die reale Geschichte, zeigt: Gott will die Gemeinschaft mit den Menschen, auch wenn diese immer schon der Macht der Sünde erlegen sind. Das Kreuz zeigt: Gott hält an seinem Willen zur Gemeinschaft mit den Menschen fest, auch wenn dieser Wille ihm in der Person seines Sohnes das Leben kostet. In der Auferweckung Jesu Christi bekundet Gott, dass er an seinem Willen zur Gemeinschaft mit dem Menschen auch gegen den Versuch der Menschheit, Gott loszuwerden, nicht nur festhält – sondern diesen Willen auch effektiv durchsetzt. In Jesus Christus bestimmt Gott sich zur vorbehaltlosen Gemeinschaft mit den Menschen. Der christliche Glaube sagt: Von dieser, seiner Selbstbestimmung zur Gemeinschaft mit den sündigen Menschen kommen alle Wege und Werke Gottes her. Deshalb heißt es im Johannesevangelium: „Im Anfang war das Wort" (Joh 1,1). Im Anfang aller Wege und Werke Gottes steht Jesus Christus, steht Gottes Selbstbestimmung, nicht Gott sein zu wollen ohne die Menschen.

Insofern kommt auch die Schöpfung des Himmels und der Erde von Jesus Christus her. Das Neue Testament bringt diesen Gedanken so zum Ausdruck, dass es Jesus Christus als Schöpfungsmittler (vgl. Joh 1,3; 1. Kor 8,6; Kol 1,15–20; Hebr 1,2f) bekennt. Die Schöpfung hat ihren Grund in Gottes Willen zur Gemeinschaft mit allen Menschen, ja mit aller Kreatur. Schöpfung ist insofern „creatio ex amore", Schöpfung aus Liebe.

1. *Erkenntnis der Schöpfung im Licht der Auferstehung Jesu Christi*

Ob die Welt, wie wir sie kennen, auf die Weisheit eines Schöpfers verweist, ist umstritten. Der berühmte Physiker Steven Weinberg (1933–2021) hat prägnant formuliert: „Je begreiflicher uns das Universum wird, um so sinnloser erscheint es auch."[1] Sein Kollege und Freund, der Physiker und Theologe John Polkinghorne (1930–2021) erwiderte:

> „Ich glaube, dass die rationale Schönheit des Kosmos tatsächlich den Plan dessen spiegelt, der die Welt am Leben erhält. Die ‚unbegründbare Effektivität der Mathematik' (Eugene Wigner) im Erschließen der Strukturen der physikalischen Welt ist ein Hinweis auf die Gegenwart des Schöpfers, den er uns, die er nach seinem Ebenbild geschaffen hat, schenkt."[2]

Ob das Universum ziellos oder sinnvoll sei, lässt sich aus reiner Vernunft nicht bestimmen. Schon Immanuel Kant (1724–1804) hat darauf aufmerksam gemacht, dass unsere Vernunft zwar die Frage nach einem letzten Grund stellen kann, sich aber beim Versuch, diese Frage zu beantworten, ins Spekulative verliert, was sie selbst nicht billigen kann. „Die Vernunft würde es bei sich selbst nicht verantworten können, wenn sie von der Kausalität, die sie kennt, zu dunklen und unerklärlichen Erklärungsgründen, die sie nicht kennt, übergehen wollte."[3]

Für den christlichen Glauben ist es primär nicht die Welt, die im Blick auf die Erkenntnis des Schöpfers sprechend wird, sondern die alles verändernde Tatsache der Auferweckung Jesu Christi. „Ist aber Christus nicht auferweckt worden, so ist unsere Verkündigung leer, leer auch euer Glaube." (1. Kor 15,14). Wenn Christus nicht auferweckt worden ist, dann ist auch der Glaube an den Schöpfer hinfällig, denn ohne die Auferweckung Christi, in der die Auferstehung aller verbürgt ist (vgl. 1. Kor 15,22), wäre unsere Welt keine Einheit von Leben und Tod zugunsten des Lebens, sondern eine zuletzt dem Vergehen und Vergessen überlieferte Episode der kosmischen Geschichte. Die Treue des Schöpfers, auf die der Glaube vertraut, würde letztlich dem Gesetz der Entropie, nach welchem geschlossene Systeme eine Tendenz zu zunehmender Unordnung haben, unterliegen. Gottes Treue würde an der Macht des Chaos und damit des Todes scheitern. Die Welt erschließt sich als Schöpfung erst dort, wo man sie im Licht jener Zusage wahrnimmt, die in der Auferweckung Jesu Christi gegeben ist: Ich lebe und ihr sollt auch leben.

Wer aber die Welt im Licht der allen verheißenen Auferstehung und damit der Neuschöpfung wahrnimmt, der erkennt, dass die erhoffte Zukunft, der Sieg des Lebens über den Tod, der Gerechtigkeit über das Unrecht, der Barmherzigkeit über die soziale Kälte und der Wahrheit über die Lüge, sich immer schon gleichnishaft in unserer Welt ereignet. Im Licht der Verheißung wird die Welt als Schöpfung lesbar – nämlich als ein Ort, an dem von Gott her Leben möglich wird, das durch Vertrauen, Liebe und Hoffnung geprägt ist. Das Bekenntnis zu Gott, dem Schöpfer des Himmels und der Erde, ist insofern Ausdruck der Hoffnung, dass in der uns bekannten Welt lebensförderlich Neues möglich ist. Der Glaube an Gott den Schöpfer hält sich für das Wunder offen, dass entgegen der zu erwartenden Zunahme der Entropie und damit des Chaos Gott selbst unter Einbezug seiner Geschöpfe beharrlich immer wieder das Chaos dahingehend bändigt, „dass ein strukturierter, lebensfreundlicher Kosmos als ‚Lebenshaus' für Tiere und Menschen entsteht".[4] Wer im Licht der göttlichen Verheißung die Welt als Gottes Schöpfung wahrnimmt, der sieht in den lebensförderlichen Prozessen unserer Welt nicht nur vergängliche Episoden und letztlich vergebliche Aufstände des Lebens, sondern Gleichnisse der kommenden Welt. Diesen Gleichnissen gehört die Zukunft.

2. *Die lebensförderliche Differenz von Himmel und Erde*

Die Bibel spricht nicht von der Erschaffung der Welt, sondern differenzierter von Gott, dem Schöpfer des Himmels und der Erde. Wer auf Gottes Kreativität nicht nur am Anfang, sondern auch in der Geschichte setzt, muss die Welt als in Himmel und Erde differenziert wahrnehmen. Denn die Welt ist nicht nur durch die uns relativ vertrauten kausalen Gesetzmäßigkeiten bestimmt, sondern durchaus – Gott sei Dank! – offen für überraschende Wendungen und Inspirationen, die dem Leben zugute kommen. Die Welt ist nicht nur die uns relativ vertraute Erde (das durch Naturgesetze darstellbare Universum), sondern diese Erde ist offen für Neuaufbrüche und Inspirationen vom Himmel her. Aufgrund dieser Offenheit der Erde für den Himmel kann man Hoffnung haben. Weil aber Überraschungen und Inspirationen keineswegs immer lebensförderlich sein müssen, betonen zahlreiche biblische Überlieferungen, dass Gott selbst im Himmel wohnt. Soll heißen: Die uns bekannten und vertrauten Lebensbereiche sind nicht nur für irgendwelche Überraschungen und Inspirationen offen, sondern durch die in dieser Welt gegenwärtigen guten Inspirationen Gottes für unsere Erde geprägt. Weil in dieser Welt mehr möglich ist, als das, womit wir rechnen – und weil Gott selbst diesen Möglichkeitsraum der Schöpfung bewohnt, deshalb lässt sich nach biblischem Zeugnis für unsere Erde hoffen.

3. *Schöpfung und Evolution*

Wie aber lässt sich diese Hoffnung mit unserem Wissen um das evolutionäre Gewordensein des Lebens in Einklang bringen? In den Medien begegnet uns immer wieder die schroffe Gegenüberstellung von Schöpfung und Evolution: Der Glaube sei durch das Wissen überholt, an die Stelle der Schöpfung sei die Evolution getreten. Betrachtet man freilich die biblischen Schöpfungserzählungen und die wissenschaftliche Evolutionstheorie genauer, kann man durchaus von einer wechselseitigen Offenheit reden.

Die Schöpfungserzählung in Gen 1,1–2,4 gliedert die Schöpfung in sieben Tage. Eine genaue Lektüre zeigt freilich, dass Sonne und Mond, die nach dem biblischen Text Tag und Nacht regieren, erst am vierten Tag geschaffen werden. Der Text operiert also „mit zwei verschiedenen“ Zeitsystemen[5]: Es gibt die

Gotteszeit, in der Gott die Welt schafft – und es gibt unsere Zeit, die Zeit unter dem Himmel. Gen 1 lehrt also nicht, dass Gott die Welt in sieben Erdentagen geschaffen hat.

Wichtiger noch ist eine zweite Beobachtung[6]: Gen 1 erzählt nicht von einem Gott, der wie ein Baumeister die Welt geschaffen hat. Nach Gen 1 sind die verschiedenen Geschöpfe in den Prozess der Schöpfung einbezogen: Die Himmelsfeste und die Gestirne scheiden, Sonne und Mond herrschen, die Erde bringt geschöpfliches Leben hervor und Pflanzen und Tiere entfalten und reproduzieren sich selbst. Gott bringt nicht unmittelbar jedes Lebewesen hervor, sondern lässt Leben aus geschöpflichen Prozessen hervorgehen. „Und Gott sprach: Die Erde bringe hervor lebendiges Getier, ein jedes nach seiner Art: Vieh, Gewürm und Tiere des Feldes, ein jedes nach seiner Art. Und es geschah so." (Gen 1, 24). Die Bibel sensibilisiert für geschöpfliche Prozesse, die an Gottes schöpferischer Macht Anteil haben und so selbst Leben hervorbringen. Gen 1 ist durchaus kompatibel mit der Vorstellung, dass Gott durch evolutionäre Prozesse Leben hervorbringt.

Wie der biblische Schöpfungsbericht aus Gen 1 eine Offenheit zur Evolutionslehre hin aufweist, so ist auch die Evolutionslehre nicht an sich religionskritisch. Evolutionslehre und Glaube müssen keineswegs in Spannung zueinander stehen. Dass Charles Darwin (1809–1882) den Glauben an einen gütigen und allmächtigen Gott verlor, dürfte eher mit dem frühen Tod seiner Lieblingstochter Anni, aber auch der Wahrnehmung der Sklaverei zu tun haben als mit seinen wissenschaftlichen Erkenntnissen. Darwin konnte durchaus akzeptieren, dass Kollegen und Freunde meinten, Gott handle als Schöpfer durch die evolutionären Prozesse.[7] Auch der amerikanische Botaniker Asa Gray (1810–1888), der kontinuierlich mit Darwin im Austausch stand und die Evolutionslehre in Nordamerika durchsetzte, blieb stets ein tief religiöser Mensch. Von der zweiten Auflage an lautet der letzte Satz des Buches über *Die Entstehung der Arten*:

> „Es ist wahrlich etwas Erhabenes um die Auffassung, daß der Schöpfer den Keim alles Lebens, das uns umgibt, nur wenigen oder gar nur einer einzigen Form eingehaucht hat und daß, während sich unsere Erde nach den Gesetzen der Schwerkraft im Kreise bewegt, aus einem so schlichten Anfang eine unendliche Zahl der schönsten und wunderbarsten Formen entstand und noch weiter entsteht.“[8]

Soll heißen: Auch von Seiten der Evolutionstheorie gibt es keinen prinzipiellen Widerspruch gegen den christlichen Glauben an Gott den Schöpfer.

Wie aber kann der Glaube die Gegenwart Gottes in der Evolutionsgeschichte denken?

Die Fülle der verschiedenen Konzeptionen des Handelns Gottes lässt sich, so der Theologe Reinhold Bernhardt (*1957), im Prinzip auf zwei Grundformen zurückführen: nämlich auf ein aktualistisches und ein sapiential-ordinatives Modell. Das erste Modell, das aktualistische, orientiert sich an den biblischen Überlieferungen von den großen Taten Gottes. Nach diesem Modell greift Gott souverän in die Geschichte ein. Das zweite Modell, das sapiential-ordinative, orientiert sich dagegen am priesterschriftlichen Schöpfungsbericht (Gen 1,1–2,4). Es behauptet: Gott habe eine vollkommene Welt geschaffen, die im Laufe ihrer Entwicklung die ihr zugrundeliegende Weisheit immer deutlicher erkennen lasse. „Durch die gesamte Geschichte der israelitischen und christlichen Überlieferung vom Wirken Gottes in der Welt läßt sich – in einer groben systematischen Schematisierung – die Polarität zwischen diesen beiden Argumentationslinien erkennen: zwischen jener Linie, die Gottes mächtige Geschichtstaten als Paradigma seiner Tätigkeit in den Vordergrund stellt, und der anderen, die von seiner planvollen Schöpfungsweisheit ausgeht.“[9].

In der Neuzeit geriet zunächst der aktualistische Typus in die Krise. Mit der Erkenntnis der kausalen Selbstregulation aller empirisch-erfassbaren Weltbewegung verblieb für ein aktualistisch konzipiertes Handeln Gottes kein Raum. Spontane Eingriffe Gottes zugunsten einzelner Menschen sind in einer solchen Konzeption nicht denkbar. Doch auch das sapiential-ordinative Modell von Gottes Wirken verlor in der Moderne an Plausibilität. Denn dieses Modell lebte vom Ausschluss des Zufalls aus der Wirklichkeit: Die Rationalität von Gottes Wirken zeigte sich gerade in der Gesetzmäßigkeit, die die Natur durchgängig bestimmt. Diese Grundannahme wurde im 19. Jahrhundert durch die Evolutionslehre erschüttert. Seit Darwin wurde das Zusammenspiel von Kontingenz und Notwendigkeit zum naturwissenschaftlichen Leitparadigma. Im 20. Jahrhundert erkannte man in Quanten- und Chaostheorie: Wir leben in einer Welt, der der Zufall eingeschrieben ist.

Betrachtet man die biblischen Überlieferungen, die einerseits von Gottes großen Geschichtstaten und andererseits von Gottes planvoll-weisheitlicher Lenkung der Geschichte reden, sowie die Entwicklung der modernen Naturwissenschaften mit ihrer Einsicht in das Zusammenspiel von zufälligen, kontingenten Prozessen und notwendigen Strukturen, dann scheint es mir theologisch geboten zu sein, von Gottes Wirken gleichsam auf beiden Seiten der Unterscheidung von Kontingenz und Notwendigkeit zu sprechen.

Im Anschluss an das sapiential-ordinative Modell können die großen Naturkonstanten und Naturgesetze als Ausdruck von Gottes weisheitlicher Gestaltung seiner Schöpfung verstanden werden. Doch Gottes Weisheit zeigt sich nicht nur im Aufbau und Erhalt der großen Konstanten und Naturgesetze, sondern ebenso in der beständigen Eröffnung von Möglichkeitsspielräumen, ohne die sich menschliches Leben nicht hätte entwickeln können. Nach dem aktualistischen Modell geht Gottes Wirken aber noch darüber hinaus: Gott schafft nicht nur eine Welt, die Leben hervorbringen kann, sondern begleitet diese Welt dergestalt, dass sie auch wirklich Leben hervorbringt.

Um Gottes Handeln auf Seiten der Kontingenz zu verstehen, sind Einsichten des englischen Mathematikers und Philosophen

Alfred North Whitehead (1861–1947) aufschlussreich. Nach Whitehead eröffnet Gott einem jeden Ereignis die Möglichkeit, sein eigenes Gewordensein zu transzendieren und Neues zu verwirklichen. Gott konfrontiert das, was in der Welt wirklich ist, mit dem, was möglich ist. „Er ist der Spiegel, der jedem Geschöpf seine eigene Größe enthüllt."[10] Ob ein Ereignis sich dazu „verleiten" lässt, Neues zu verwirklichen, hängt von ihm selbst ab. Das Ereignis kann die Möglichkeit, die Gott in Aussicht stellt, ergreifen, aber auch verwerfen.

Man kann kritisch fragen, ob es angemessen ist, von jedem Ereignis so zu sprechen, wie wir es gewöhnlich von Menschen tun. Nach Whitehead erlebt jedes Ereignis seine eigene Vergangenheit und trifft eine Entscheidung, wie es sich ausgestalten will. Diese Übertragung menschlichen Vokabulars auf naturale Ereignisse ist von Polkinghorne kritisiert worden.[11] Dennoch weist dessen eigener Entwurf, Gottes Wirken in der Geschichte der Natur zu denken, Parallelen zu Whiteheads Sicht auf und kann m. E. dazu beitragen, diese naturwissenschaftlich zu plausibilisieren. Polkinghorne weist auf die überraschende Fähigkeit chaotischer Systeme hin, Ordnung zu generieren. Diese Fähigkeit verdanke sich einer top-down-Kausalität, die man als aktive Information bezeichnen könne.[12] Durch aktive Information wirke die Zukunft eines Systems „ohne Zufuhr von Energie" auf ihre Vergangenheit zurück und bewege das System dazu, sich auf diese Zukunft hin zu entwickeln.[13] Polkinghornes Sicht verdeutlicht, dass es für einen Naturwissenschaftler begründet denkmöglich ist, dass in der Entwicklung der Geschichte des Lebens auch Richtungspräferenzen aktiv am Werk sind. Sollte es solche aktiv wirkenden Richtungspräferenzen geben, dann könnte man sie als Mittel verstehen, durch die Gott die Schöpfung dazu verleitet, bestimmte Möglichkeiten zu wählen.

Insofern würde ich sagen: Gottes Wirken in der Geschichte des Lebens, also in der Evolutionsgeschichte, vollzieht sich (erstens) im Aufbau und Erhalt lebensförderlicher, gesetzmäßig strukturierter Umgebungen, (zweitens) in der Eröffnung von Möglichkeitsspielräumen und (drittens) durch aktive Information, durch die Gott seine Schöpfung dazu verleitet, bestimmte Möglichkeiten zu wählen.

Eine solche Darstellung stimmt mit der naturwissenschaftlichen Beschreibung der Wirklichkeit überein: Sie nimmt sowohl das Zusammenspiel von Zufall und Notwendigkeit auf, aber auch die dem Universum eingeschriebene Tendenz zur Entwicklung komplexerer Lebensformen. Eine solche Darstellung profiliert zudem Wahrheitsmomente der beiden unterschiedlichen Modelle, von Gottes Handeln zu reden. Mit dem sapiential-ordinativen Modell lässt sich die Weisheit Gottes in der Fruchtbarkeit des Universums im Zusammenspiel von gesetzmäßig strukturierten Umgebungen und kontingenten Möglichkeitsspielräumen erkennen. Der Schöpfung ist die Freiheit gegeben, ihre eigenen Möglichkeiten selbst auszuloten. Aufgrund dieser Freiheit kommt es in der Welt freilich auch zu physischen Übeln, wie Krankheiten, Erdbeben und Tsunamis.

Mit dem aktualistischen Modell kann zugleich eine Unmittelbarkeit des göttlichen Wirkens zu jedem wirklichen Ereignis betont werden. Die Erkenntnis von Gottes Wirken in den Möglichkeitsspielräumen der Schöpfung bewahrt freilich davor, Gottes aktuales Wirken als deterministisches zu verstehen. Gott handelt nicht als Zufall, sondern durch die Vermittlung von Ideen, wie die Welt sich entwickeln könnte. Weil Gott auf nicht-energetische Weise wirkt, mangelt seinem Wirken die Macht der absoluten Selbstdurchsetzung. Gott ist darauf angewiesen, in den Ereignissen Resonanz zu finden.

Wenn Christinnen und Christen freilich bekennen,

> „daß mich Gott geschaffen hat samt allen Kreaturen, mir Leib und Seele, Augen, Ohren und alle Glieder, Vernunft und alle Sinne gegeben hat und noch erhält; dazu Kleider und Schuh, Essen und Trinken, Haus und Hof, [Partner] und Kind, Acker, Vieh und alle Güter; mit allem, was

> not tut für Leib und Leben, mich reichlich und täglich versorgt“ (Martin Luther),

dann geben sie zu erkennen, dass Gott mit seiner Wirkweise Resonanz findet und nicht ins Leere läuft.

4. wie im Himmel so auf Erden – *ein kurzer Blick auf die Theodizeefrage*

Gott hat mit seinen lebensförderlichen Intentionen in dieser Welt immer schon Resonanz gefunden, aber nicht alles, was auf dieser Erde geschieht, entspricht seinem Willen. Insbesondere *das* christliche Gebet, das wir auf Jesus Christus selbst zurückführen und das alle Konfessionen miteinander verbindet, markiert die Differenz zwischen dem, was auf Erden geschieht, und dem, was nach Gottes Willen geschehen soll. Dass Gott der Schöpfer des Himmels und der Erde ist, bedeutet keineswegs, dass er alles, was unter dem Himmel auf der Erde geschieht, selbst hervorbringt. Schon die Schöpfungserzählung am Beginn der Bibel hält fest, dass Gott weder das Chaos noch die Finsternis geschaffen hat. Himmel und Erde werden nach Gen 1,2 aus dem Chaos, hebräisch formuliert: aus dem Tohuwabohu geschaffen (vgl. Gen 1,2). „Da sprach Gott: Es werde Licht! Und es wurde Licht. Und Gott sah, dass das Licht gut war. Und Gott schied das Licht von der Finsternis.“ (Gen 1,3f) Zu beachten ist: Gott ruft nur das Licht ins Sein; nur das Licht – nicht aber die Finsternis – wird gut genannt. Mit der Finsternis ist gleichsam ein Element des vorgeschöpflich Chaotischen in Gottes guter Schöpfung präsent.

Anders als die klassische kirchliche Lehre, dass Gott die Welt aus dem Nichts schuf, waren die Autoren des biblischen Textes weniger durch die Tatsache fasziniert, dass überhaupt etwas ist – und nicht vielmehr nichts, als durch das Wunder, dass aus chaotischen Zuständen lebensförderlich Neues entstehen kann.

Nicht dass überhaupt etwas ist, sondern dass etwas ist, angesichts dessen man sagen kann, es sei sehr gut (vgl. Gen 1,31), ist für den biblischen Schöpfungsbericht Grund zur Dankbarkeit. Die Lehre von der Schöpfung aus dem Nichts (*creatio ex nihilo*) hält aber zurecht an der Unterscheidung von Schöpfer und Geschöpf fest: Gott schafft die Welt nicht aus den Möglichkeiten der Materie heraus – auch das biblische Tohuwabohu hat nicht das Potential, Leben aus sich heraus hervorzubringen –, sondern Gott schafft die Materie mit ihren Möglichkeiten. Weil Gott aber seiner Schöpfung Anteil gibt an seiner schöpferischen Macht, weil er dem Universum die Freiheit gibt, seine eigenen Möglichkeiten selbst auszuloten (vgl. dazu oben unter 3.), deshalb kommt es in der Schöpfung immer wieder zu chaotischen und lebensabträglichen Prozessen. Nicht alles, was in der Welt geschieht, geht unmittelbar auf Gott zurück und entspricht seinem Willen.

Insofern kann man formulieren: Gott ist nicht die erste Ursache allen Geschehens, sondern muss sich mit seinem Willen in der Schöpfung durchsetzen. Diese Sicht hat durchaus biblischen Anhalt: Insbesondere die Erzählungen von den Heilungen Jesu im Neuen Testament verdeutlichen, dass die Menschen Prozessen, Mächten und Gewalten ausgeliefert sind, die nicht Gottes Willen repräsentieren. Die Heilungen Jesu verdeutlichen: „Gott will das nicht, was den Menschen plagt, quält, stört und zerstört.“[14] Diese Erkenntnis nötigt zum Abschied von einer Vorstellung, die die Theologie des 20. Jahrhunderts, aber auch viele Formen persönlicher Frömmigkeit geprägt hat: nämlich der Konzeption Gottes als alles bestimmender Wirklichkeit.

Damit stellt sich freilich die Frage, wie es in Gottes guter Schöpfung zu jener Zerstörungskraft, derer wir in Krankheiten (und Naturkatastrophen) ansichtig werden, kommen kann. Wir können Krankheiten und Naturkatastrophen als Folge dessen verstehen, dass Gott eine Welt geschaffen hat, der er die Freiheit gab, sich selbst zu entwickeln. Gott hat nicht nur den Menschen als freies Gegenüber gewollt, sondern auch eine

Schöpfung, die diesen Menschen in Freiheit hervorbringt. Die Schöpfung kann nicht als Marionettentheater gedacht werden, wenn sie ein Wesen hervorbringen soll, das keine Marionette ist. Indem Gott aber seine Geschöpfe – und zwar nicht nur und erst die Menschen – an seiner schöpferischen Macht beteiligt, setzt er seine Schöpfung zugleich dem Risiko geschöpflicher Selbstgefährdung und Selbstzerstörung aus. Die Schöpfung ist also nicht nur durch menschliches Handeln gefährdet, sondern auch durch die Eigenmächtigkeit der nicht-menschlichen Geschöpfe. Krankheiten, die oftmals nur als eine ins eigene Leben einbrechende sinnlose Zerstörungskraft verstanden werden können, lassen sich so als Folge der Eigenmächtigkeit der Geschöpfe begreifen. Dieselben „biochemischen Prozesse, die die Evolution voranbringen, indem sie durch Zellmutationen neue Lebensformen hervorbringen, können auch dazu führen, dass andere Zellen in einer anderen Weise mutieren und bösartig wuchern."[15] Eben deshalb gehört die Möglichkeit, dass Leben erkrankt, zur Schöpfung. Die Krankenheilungen Jesu verdeutlichen aber, dass die Verwirklichung dieser Möglichkeit nicht dem Willen Gottes entspricht. Gott will, dass Menschen ihre Kraft zum Leben entfalten können. Der Mensch darf und soll gesund sein wollen.

Damit stellt sich die Frage: Warum bringt der Schöpfer des Himmels und der Erde eine Welt hervor, in der sich Lebensabträgliches entfalten und entwickeln kann? Warum schafft Gott eine Welt, die gefährdet ist durch interne Zerstörungskräfte?

Eine erste Antwort lautet: Gott will diese Zerstörungskräfte nicht. Gottes guter Wille zielt vielmehr auf die Neuschöpfung aller Dinge, auf eine Welt, in der Krankheit und Naturkatastrophen, soziale Ausgrenzungsprozesse und lebensfeindliche Ideologien überwunden sind. Gott will aber diese neue Schöpfung nicht ohne die Seinen. Er möchte eine neue Schöpfung, in der seine Geschöpfe an der Überwindung der Folgen lebensabträglicher Prozesse beteiligt sind.

Weil Gott solche Geschöpfe will, deshalb hat er sich auf das Wagnis eingelassen, Menschen zu schaffen – wohl wissend, dass diese Menschen nicht ebenso souverän Nein zur Sünde sagen werden wie Gott selbst. Weil Gott sich nicht nur verdoppeln wollte, sondern weil er Partner wollte, die wirklich anders sind als er, deshalb geht Gott das Risiko der Schöpfung ein. Gott schafft die Menschen, weil er sie an seiner Auseinandersetzung mit der Macht der Sünde beteiligen will. Dafür aber geht er das Risiko ein, dass diese Menschen in der Begegnung mit der Sünde dieser verfallen werden.

Eine Frage ist damit noch nicht beantwortet: Rechtfertigt Gottes Wunsch, Menschen in ihrer Freiheit an der Überwindung der Sünde zu beteiligen, all das Leid, die vielfältigen naturalen, sozialen und kulturellen Zerstörungsprozesse, die Gott mit seiner Schöpfung in Kauf genommen hat? Kurz gesagt: Ist der Preis für Gottes Wunsch nicht zu hoch?

Diese Frage lässt sich nicht mehr aus der Perspektive des Beobachters beantworten. Die Frage stellt sich vielmehr existentiell: Erscheint mir mein Leben als so sinnvoll, dass der Dank für mein Leben meine Klage über das unzählige Leid überstimmt? Oder würde ich angesichts des Leids, das ein evolutionäres Universum mit sich bringt, mein Eintrittsbillett in diese Welt zurückgeben wollen? Weil aber nicht einfach Ich das Ziel des Universums bin, sondern die neue Schöpfung, ergibt sich eine theologische Einsicht: Gott kann angesichts der natürlichen, sozialen und kulturellen Übel dieser Welt nur gerechtfertigt werden, wenn sich Neuschöpfung wirklich ereignet. Das heißt: Gott kann sich letztlich nur selbst rechtfertigen. Um Gott angesichts seiner Schöpfung zu rechtfertigen, muss Gott selbst sich ereignen, muss Gott Verantwortung für seine Schöpfung übernehmen und sie zurechtbringen. Diese einzig mögliche Rechtfertigung Gottes, seine Selbstrechtfertigung, darf dabei nicht allein als zukünftige Erlösung verstanden werden. Neuschöpfung kann und soll sich auch hier und jetzt ereignen. Aber Gottes Selbstrechtfertigung muss die Erlösung nicht nur einer Zeit, sondern aller Zeiten umfassen. Es ist deshalb die Hoffnung des christlichen Glaubens, dass Gott sich selbst rechtfertigen wird, indem er auch jene Zeiten und Menschen rettet, denen die Neuschöpfung in der Geschichte nicht zugutegekommen ist.

5. Schlussreflexion

Die Erschaffung des Lichts am ersten Tag verdeutlicht, was Schöpfung ist und was sich in Gottes Schöpfung immer wieder ereignen soll: „Das in der Finsternis scheinende und die Finsternis überwindende Licht als Prinzip der geschöpflichen Natur ist als solches die Verheißung, dass diese Natur nicht sich selbst überlassen bleibt, dass sie der Begegnung mit Gottes Gnade entgegengeht.“[16] Das geschöpfliche Licht ist das natürliche Gleichnis für Gottes schöpferisch-neuschöpferisches Handeln, in welchem er seine Geschöpfe aus der Macht der Finsternis – sowohl aus der Finsternis, die Menschen überfällt, als auch aus der Finsternis, zu der Menschen durch ihr Handeln beitragen – befreit, bis am Ende keine Finsternis – und damit auch keine Nacht (vgl. Offb 21,5; 22,5) – mehr sein wird. Nur wo sich unter Gottes Verheißung das die Finsternis überwindende Licht als Gleichnis erschließt und man folglich die den natürlich-kulturellen Prozessen eingestiftete Verheißung erkennt, lässt sich unsere Welt als Gottes Schöpfung begreifen. Wo man aber unsere Welt als Gottes Schöpfung begreift, schärft sich der Blick für jene Formen der Finsternis, die bis auf den heutigen Tag Gottes Gegenwart in seiner Schöpfung verstellen und die deshalb nicht auf Gottes Wirken zurückgeführt werden dürfen, sondern dazu bestimmt sind, von Gott in seinem schöpferisch-neuschöpferischen Wirken, an dem er die Seinen beteiligt, überwunden zu werden.

3. Ein Gott in drei Personen

Johannes Stoffers SJ

Inhalt

Christen glauben an Gott, der einer und doch dreifaltig ist. Mit dem Bekenntnis zum einen Gott in drei Personen legen sie aus, dass sich Gott in der Geschichte als Vater, als Sohn (Jesus Christus) und als Heiliger Geist offenbart. Ausgangspunkt sind die Texte des Neuen Testaments, in denen sich erste Ansätze für den Glauben an den dreifaltigen Gott finden. Philosophische Begriffe haben der Kirche im dritten und vierten Jahrhundert geholfen – und helfen ihr weiterhin –, diesen Glauben nach außen zu verteidigen und sich selbst verständlicher zu machen. Im Zentrum dieses Beitrags steht der Begriff der Person mit seinen Wandlungen im Lauf der Denkgeschichte. Vergleiche mit der uns bekannten Wirklichkeit – die zwischenmenschliche Gemeinschaft und das Verhältnis zu uns selbst – helfen bei der Herausforderung, Gott zugleich als einen und als dreifaltig zu glauben. Die *Denk*herausforderung endet nicht, aber Gott wirbt als Vater, Sohn und Geist dafür, dass wir Menschen die Beziehung mit ihm wagen.

Ein Gott in drei Personen

Gott ist „dreifaltig" oder „dreieinig", bekennen Christen. Sie sprechen von drei Personen, die in gleichrangiger Weise Gott sind: der Vater, der Sohn, der Heilige Geist. Das ist natürlich erläuterungsbedürftig. Vorab ist wichtig zu erinnern, dass das große Glaubensbekenntnis der Christen mit der Aussage beginnt: „Ich glaube an den einen Gott" (*credo in unum deum*). Dieser Satz dient als Überschrift zu allem, was folgt, sei es im Glaubensbekenntnis, sei es in diesem Beitrag. Ein Christ ist ein Monotheist, er glaubt an einen einzigen (griechisch: *monos*) Gott (gr.: *theós*), nicht an mehrere Götter.

Diese einleitende Bemerkung zeigt schon das Besondere darin, von einem Gott in drei Personen zu sprechen. Denn im Fall von Menschen ist es klar, dass drei Personen drei verschiedene Menschen sind. Bei Gott folgt das nicht; die drei göttlichen Personen sind nicht drei verschiedene Götter, sondern ein Gott. Das lässt vermuten, dass ‚Person' nicht ganz dasselbe meint, wenn von Menschen und wenn von Gott die Rede ist. Vorläufig sei so viel gesagt, dass die drei Personen in Gott – der Vater, der Sohn, der Heilige Geist – voneinander unterschieden, also nicht dasselbe sind und dass sie in einer liebenden Beziehung zueinanderstehen. Darin sind sie menschlichen Personen ähnlich, oder umgekehrt: wenn Menschen einander lieben, können sie den göttlichen Personen ähnlich sein. Allerdings können menschliche Personen, im Unterschied zu den drei göttlichen, (leider) auch in ganz anderen Beziehungen als in Liebe zueinanderstehen, etwa eine herzliche Feindschaft pflegen. Anscheinend haben menschliche Personen, unserem alltäglichen Verständnis nach, größere Selbständigkeit als die göttlichen.

Dieser Beitrag beginnt mit (1) einem Blick in die für den christlichen Glauben an den einen Gott in drei Personen grundlegenden Texte des Neuen Testaments. Danach (2) skizziert er die Entwicklung der entsprechenden Überzeugung in der frühen Kirche, bevor (3) er den Begriff ‚Person' diskutiert, dessen Bedeutung sich im Lauf der Jahrhunderte gewandelt hat, und ihn mit der Einheit Gottes in Bezug setzt.

(1) Neues Testament

Ausgangspunkt für den Glauben an den einen Gott in drei Personen ist das Auftreten Jesu von Nazareth. Grundlegend ist außerdem die Erfahrung der Gläubigen mit einer göttlichen

Kraft, die sie den Heiligen Geist genannt haben. Die folgenden Stellen aus dem Neuen Testament sollen natürlich die Grundlage für den Glauben an den einen Gott in drei Personen liefern. Es geht aber nicht nur darum, nach Belegen zu suchen, sondern der Glaube an den dreieinen Gott ist der Verständnisrahmen für *all* das, was wir von Gottes Selbstmitteilung an die Menschheit, seine Offenbarung an uns, glauben.

Beginnen wir mit dem Blick auf Jesus Christus, den Sohn. Besonders im Johannesevangelium spricht er von sich selbst als dem Sohn und vom Vater, auf den er sich ganz bezogen weiß. Seinem Selbstverständnis nach lässt er die Menschen in seinem eigenen Wirken Gott-Vater sehen: „Wer mich gesehen hat, hat den Vater gesehen" (Joh 14,9), erklärt er dem Jünger Philippus. Jesus wirkt zusammen mit dem Vater: „Was […] der Vater tut, das tut in gleicher Weise der Sohn" (Joh 5,19). Hier scheint mehr gemeint zu sein, als dass ein Mensch auf Erden sich bemüht, Gottes Willen – den Willen seines Schöpfers – zu tun. Was den Vater und den Sohn, über ihr Wirken hinaus, eint, ist die Liebe. Diese beschreibt Jesus seinen Jüngern so, „dass in mir der Vater ist und ich im Vater bin" (Joh 10,38). Im Gebet zum Vater, das der Evangelist Johannes ebenfalls überliefert, spricht Jesus in mehreren Wendungen über seine Einheit mit dem Vater, zum Beispiel so: „Alles, was mein ist, ist dein, und was dein ist, ist mein" (Joh 17,10). Auch im Evangelium nach Matthäus ist der Ausruf Jesu überliefert: „Alles ist mir von meinem Vater übergeben worden; niemand kennt den Sohn, nur der Vater, und niemand kennt den Vater, nur der Sohn und der, dem es der Sohn offenbaren will" (Mt 11,27). Diese und ähnliche Stellen, die vom ‚Sohn' im Gegenüber zum ‚Vater' sprechen, drücken das besondere Bewusstsein Jesu aus, an Stelle Gottes zu wirken.

Der heilige Paulus formuliert in ähnlicher Weise: „Als aber die Zeit erfüllt war, sandte Gott seinen Sohn, geboren von einer Frau und dem Gesetz unterstellt, damit er die freikaufe, die unter dem Gesetz stehen, und damit wir die Sohnschaft erlangen“ (Gal 4,4f). Mit diesen Worten fasst der Apostel zusammen, was er den christlichen Gemeinden verkündet hat. Er fährt fort: „Weil ihr aber Söhne seid, sandte Gott den Geist seines Sohnes in unsere Herzen, den Geist, der ruft: Abba, Vater“ (Gal 4,6). Hier geht es um eine weitere ‚Person‘ und deren Sendung, die mit der Sendung des Sohnes zwar zusammenhängt, von ihr aber unterschieden ist. Die neutestamentlichen Texte haben meistens ein Nacheinander im Blick: Erst wird der Sohn gesandt, dann – nach dem Tod und der Auferstehung Jesu, gewissermaßen als Fortsetzung – der Heilige Geist. Dieser Geist ist der andere Beistand oder Tröster (griechisch: *parákletos*), den Jesus zu senden verspricht (vgl. Joh 14,16f). Der Beistand geht vom Vater aus (vgl. Joh 15,26), aber Jesus erklärt auch: „[…] er wird von dem, was mein ist, nehmen und es euch verkünden“ (Joh 16,14). Dies unterstreicht die Kontinuität der Geistsendung mit der Sendung des Sohnes.

Auch neutestamentliche Texte gehen jedoch über den Gedanken hinaus, der Geist setze allein das Wirken Jesu in der Welt fort. Gemäß dem ersten Petrusbrief war er schon früher wirksam, denn die Propheten „haben nachgeforscht, auf welche Zeit und welche Umstände der in ihnen wirkende Geist Christi hindeute, der die Leiden Christi und die darauffolgende Herrlichkeit im Voraus bezeugte“ (1 Petr 1,11). Ganz grundsätzlich teilt „ein und derselbe Geist einem jeden […] seine besondere Gabe zu, wie er will“ (1 Kor 12,11), schreibt der Apostel Paulus. Mit der Dreifaltigkeit grüßt er schließlich nach Korinth: „Die Gnade des Herrn Jesus Christus und die Liebe Gottes und die Gemeinschaft des Heiligen Geistes sei mit euch allen“ (2 Kor 13,13).

Solche Formulierungen müssen in den frühen Gemeinden der Christen gebräuchlich gewesen sein; später wurden sie Ausgangspunkt für theologische Überlegungen, die dann nach weiteren Anhaltspunkten in der Bibel suchten. Zum Beispiel haben Theologen im Anschluss an Psalm 36,10 – „[…] bei dir ist die Quelle des Lebens, in deinem Licht schauen wir das Licht“ –

erklärt, der Heilige Geist sei das Licht, in dem das Wort von den Gläubigen aufgenommen wird. Gregor von Nazianz (329–390) drückt den Gedanken so aus:

> „Indem wir aus dem Licht, das der Vater ist, das Licht, das der Sohn ist, im Licht, das der Heilige Geist ist, begreifen, sind wir jetzt die, die ‚geschaut haben und verkünden' (vgl. 1 Joh 1,1), nämlich die eine bündige und einfache Theologie der Dreifaltigkeit."[1]

Eine solche Lesart versteht die Offenbarung Gottes in der Geschichte, die dann in den Büchern der Bibel festgehalten worden ist, als wirkliche *Selbst*mitteilung des einen Gottes in drei Personen.

(2) *Hin zum Bekenntnis*

Als es um eine verbindliche Formulierung des Glaubens an den dreifaltigen Gott ging, waren der gelebte Glaube, das Gebet – zum Vater durch den Sohn im Heiligen Geist – und besonders die Taufe der Christen „auf den Namen des Vaters und des Sohnes und des Heiligen Geistes" (Mt 28,19) grundlegend. Was im Neuen Testament ausgesagt wurde und was sich im Gottesdienst als Sprachregel des Betens eingebürgert hatte, wollten und mussten die Christen zunehmend auch erklären. Eine gewisse Hilfe bot das Alte Testament. Hier war von einer ‚Weisheit' und von einem ‚Geist' Gottes die Rede. Beide sind als göttliche oder gottähnliche Instanzen gedacht, die für die Offenbarung eine wichtige Rolle spielen. Im Buch der Sprüche sagt diese Weisheit von sich selbst:

> „Der HERR hat mich geschaffen als Anfang seines Weges, / vor seinen Werken in der Urzeit; in frühester Zeit wurde ich gebildet, / am Anfang, beim Ursprung der Erde (Spr 8,22f)."

Dem Wortlaut nach heißt es hier zwar, die Weisheit sei – „als Anfang …" – geschaffen worden. Christliche Theologen bemühten sich jedoch zu zeigen, dass diese und ähnliche Schriftstellen im Sinn einer gleichen Würde der Weisheit mit Gott zu lesen sind, dass sie also nicht Anlass dazu geben, die Weisheit – nachträglich mit dem göttlichen Sohn identifiziert – und den Geist Gott unterzuordnen. Der Geist erscheint in der Bibel häufiger, zum Beispiel in den prophetischen Schriften:

> „Ich werde meinen Geist ausgießen über alles Fleisch. Eure Söhne und Töchter werden Propheten sein, / eure Alten werden Träume haben / und eure jungen Männer haben Visionen. Auch über Knechte und Mägde / werde ich meinen Geist ausgießen in jenen Tagen (Joel 3,1f)."

Zur besseren Klärung haben sich die theologischen Überlegungen der Kirche besonders im dritten und vierten Jahrhundert auch der damaligen Philosophie bedient, die vor allem durch den Neuplatonismus geprägt war. Eine der wichtigen Fragen dieser Denkrichtung lautete: Wie lässt sich die Welt in der Vielheit ihrer Elemente auf eine letzte Einheit zurückführen? Philosophen antworteten mit der Lehre einer Emanation: Aus dem göttlichen Einen entströmen (lateinisch: *emanare*) zuerst gottähnliche Instanzen, der Geist und die sogenannte Weltseele, und, durch sie vermittelt, die Welt. Problematisch ist, dass dieses Emanationsdenken erst recht eine Hierarchie voraussetzt: Das Eine steht höher als der Geist, der Geist steht höher als die Weltseele. Dies wiesen die christlichen Theologen zurück, aber gerade in den ostkirchlichen Zentren Konstantinopel, Antiochia und Alexandria blieb der Gedanke der Hervorgänge zentral: Im Nachdenken über den dreifaltigen Gott ging man von den drei Personen aus und betonte den Ursprung des Sohnes und des Heiligen Geistes aus dem Vater. Parallel zu den Sendungen dieser beiden im Lauf der Geschichte, wie sie im Neuen Testament verkündet werden, sprach man vom ewigen Hervorgehen des Sohnes und, unter Vermittlung des Sohnes, des Geistes aus dem Vater. Allen drei göttlichen Personen kommt die gleiche Würde zu, aber der Vater hat hier eine Vorrangstellung; er gilt als „Quelle der Gottheit", wie etwa der Gelehrte Origenes von Alexandrien (185–253/54) sagt.[2]

Dagegen ging man in der westlichen Kirche (mit Rom als Zentrum) eher von dem Gedanken aus, dass Gott ewig eine Einheit in drei Personen ist. Im Zentrum der Aufmerksamkeit stand die eine göttliche Natur, von der aus die Theologen versuchten, die Dreipersonalität zu erklären. Zwar ist diese Gegenüberstellung östlicher und westlicher Dreifaltigkeitstheologie nicht über jeden Zweifel erhaben[3], aber die entsprechenden Aussagen gehen wohl unvermeidlich von je einem der beiden Pole, der Einheit oder der Dreipersonalität, aus, um den jeweils anderen zu erreichen.

Im Glaubensbekenntnis, das bei zwei Kirchenversammlungen im 4. Jahrhundert entstanden ist, überwiegt die Rede von den Hervorgängen, aber es finden sich auch Aussagen über die gleiche Würde der göttlichen Personen. Das erste Konzil, abgehalten im Jahr 325 in Nikaia (Nizäa), konzentriert sich ganz auf „den einen Herrn Jesus Christus",

> „den Sohn Gottes, der als Einziggeborener aus dem Vater gezeugt ist, das heißt: aus dem Wesen des Vaters, Gott aus Gott, Licht aus Licht, wahrer Gott aus wahrem Gott, gezeugt, nicht geschaffen, eines Wesens mit dem Vater [...]."[4]

Nach dem fundamentalen Bekenntnis, dass Jesus – wie Gott-Vater – ‚Herr' (griechisch: *kyrios*) ist, wird die Weise genannt, wie er aus dem Vater hervorgeht: er wird aus dem Wesen des Vaters gezeugt. Dies zeigt die gleiche Rangstellung des Sohnes mit dem Vater an und besagt, dass er kein bloßes Geschöpf ist. Die folgenden Aussagen betonen dies wiederholt bis hin zum Bekenntnis, der Sohn sei „eines Wesens" (griechisch: *homoousios*) mit dem Vater. Danach ist von seiner Rolle in der Schöpfung die Rede, von der Menschwerdung in Jesus von Nazareth, seinem Leben, Sterben und Auferstehen. Der Heilige Geist wird in Nikaia bloß genannt; erst das nachfolgende Konzil von Konstantinopel im Jahr 381 ergänzt:

> „[Wir glauben] an den Heiligen Geist, der Herr ist und lebendig macht, der aus dem Vater (und dem Sohn) hervorgeht, der mit dem Vater und dem Sohn angebetet und verherrlicht wird, der gesprochen hat durch die Propheten […].“[5]

Auch der Geist wird, parallel zum Sohn, ‚Herr‘ genannt. Während man mit Bezug auf seinen Ursprung in Konstantinopel festhielt, er gehe aus dem Vater hervor, ergänzten spätere Synoden der westlichen Kirche: „und dem Sohn“ (lateinisch: *filioque*). Das führte zeitweilig zu großen Zerwürfnissen zwischen Ost und West, die heute in der Sache beigelegt sind, wenngleich das Glaubensbekenntnis sich im Wortlaut weiterhin unterscheidet.[6] Gemeinsam bekennen die Christen in Ost und West, dass der Geist dieselbe Verehrung durch die Gläubigen wie der Vater und der Sohn genießt. Die Aussage, dass der Geist durch die Propheten gesprochen hat, zeigt beispielhaft, dass die gemeinsame christliche Überzeugung vom Heiligen Geist fest in der Offenbarung, im Alten und im Neuen Testament, verankert ist

(3) Drei Personen, ein Gott

In den beiden zitierten und weiterhin maßgeblichen Glaubensbekenntnissen kommt der Begriff ‚Person‘ nicht vor. Nach und nach hat er sich eingebürgert, doch selbst Augustinus (354–430) äußert eine gewisse Unzufriedenheit mit der Terminologie: „Von *drei Personen* ist gesprochen worden, weniger aber um dies zu sagen, sondern eher um nicht zu schweigen.“[7] Anselm von Canterbury (1033–1109) ist noch zurückhaltender; in seinem

Monologion spricht er von drei „ich weiß nicht was".[8] Welchen Sinn hat es, am Begriff der Personen festzuhalten?

Als der Begriff ursprünglich in das Bekenntnis zum dreifaltigen Gott eingeführt wurde, meinte die ‚Person' das, was für sich selbst besteht und nicht auf anderes zurückgeführt oder an anderes mitgeteilt werden kann. Diesen Gedanken hat später Richard von Sankt-Viktor (1110–1173) in seiner Definition der göttlichen Person als nicht mitteilbare Existenz göttlicher Natur (*divinae naturae incommunicabilis existentia*) aufgegriffen.[9] Wichtig ist zu sehen, dass die Personen in Gott nicht einfach *da sind*, sondern dadurch existieren, dass sie zueinander in Beziehungen stehen: Der Vater zeugt den Sohn, der Sohn wird von ihm gezeugt, der Heilige Geist geht aus dem Vater (und dem Sohn) hervor. Thomas von Aquin (1225–1274) formuliert entsprechend, dass eine göttliche Person eine für sich bestehende Beziehung (*relatio subsistens*) bezeichnet.[10] Sie ist nichts, was über diese Relation hinausgeht, und Gott-Sohn, um ein Beispiel zu nennen, besteht nicht erst für sich selbst, um dann *auch noch* in die Beziehung zu Gott-Vater zu treten. Der Begriff ‚Person' wird also hier in einem sehr technischen Sinn verwendet.

Das wird ersichtlich, wenn wir überlegen, wie wir heute von Menschen als Personen sprechen. Damit meinen wir, dass jemand sich seiner selbst bewusst ist, die ihn umgebende Wirklichkeit erlebt und zu ihr Stellung nimmt.[11] Würden wir dieses Verständnis von (menschlichen) Personen unbesehen auf die göttlichen übertragen, gelangten wir zu der Behauptung, dass es drei göttliche Zentren von Bewusstsein, Erleben und Entscheiden gibt.

An diesem Szenario scheiden sich die Geister: Die einen skizzieren, dass Gott-Vater, Gott-Sohn und der Heilige Geist in der Tat analog zu drei menschlichen Bewusstseinszentren verstanden werden dürfen, die sich in vollkommener Liebe und Freiheit einander zuwenden.[12] Viele Autoren sprechen – in Bildern – davon, dass sich die Personen in ihrer Liebe umfangen oder durchdringen, dass sie umeinander herum schreiten (griechisch: *perichoresis*). Dass sie eins, zugleich unterschieden und in vollkommener Weise aufeinander bezogen sind, zeichne Gottes Dreifaltigkeit aus, erklärt Walter Kasper:

> „In Gott und zwischen den göttlichen Personen ist nicht trotz, sondern wegen ihrer unendlich größeren Einheit zugleich unendlich mehr Interrelationalität und Interpersonalität als im zwischenpersonalen Verhältnis von Menschen.“[13]

Ähnlich versucht Joseph Ratzinger, der spätere Papst Benedikt XVI., das Zueinander von Vater, Sohn und Geist als Dialogverhältnis zu erklären, das mit dem ursprünglichen Sinn von ‚Person‘ durchaus im Einklang stehe:

> „Der Personbegriff drückt von seinem Ursprung her die Idee des Dialogs aus und Gottes als des dialogischen Wesens. Er meint Gott als das Wesen, das im Worte lebt und im Wort als Ich und Du und Wir besteht.“[14]

Die Personalpronomina vertreten die göttlichen Personen: ‚Ich‘ steht für Gott-Vater, ‚Du‘ für Gott-Sohn, ‚Wir‘ für den Heiligen Geist. Dass der Geist nicht ‚Er‘ ist, sondern ‚Wir‘, zeigt die personale Eigentümlichkeit des Geistes an: Er verbindet Vater und Sohn zum Wir, gilt aber doch als Person, als ‚personalisiertes Wir‘.[15]

Um der Gefahr zu entgehen, insgeheim doch drei verschiedene Götter anzunehmen, die zwar zusammenarbeiten, aber verschiedene ‚Persönlichkeiten‘ sind, warnen andere Autoren davor, den neuzeitlichen Personbegriff, durch Freiheit und Selbstbewusstsein charakterisiert, auf Gott anzuwenden.[16] Die Mahnung legt nahe, sich auf den technischen Sinn des Personbegriffs in Bezug auf Gott zu besinnen. Sofern man Gott – mit guten Gründen – Bewusstsein und Wollen zuschreibt, ist anzunehmen, dass die drei göttlichen Personen ein und dasselbe Bewusstsein bzw. Wollen haben. Das bedeutet auch, dass die eine göttliche Person nicht ohne die anderen handeln kann, was der schon zitierten Aussage Jesu entspräche: „Der Sohn kann nichts von sich aus tun, sondern nur, wenn er den Vater etwas tun sieht. Was nämlich der Vater tut, das tut in gleicher Weise der Sohn" (Joh 5,19).

Das Bekenntnis zu Gott, der einer *und* dreifaltig ist, ist auf der einen Seite etwas Einzigartiges. Für das hier Gemeinte lassen sich weitere Fälle, in denen dasselbe gleichwertig vorkommt, kaum finden. Schon Augustinus mahnt, Gottes Dreifaltigkeit dürfe man sich nicht so vorstellen, als sei Gott aus drei Personen zusammengesetzt. Vater und Sohn und Geist ergeben in Gott auch keine Summe, sondern vielmehr eine besondere, vollkommene Art von Dreiheit.[17] Auf der anderen Seite haben christliche Theologen versucht, diesem Bekenntnis wenigstens nahekommende Verhältnisse zu finden, die uns aus der Welt bekannt sind; von ‚Spuren der Dreieinigkeit' in der Schöpfung ist die Rede.[18] Die überzeugendste Ähnlichkeit sieht Augustinus im menschlichen Geist. Der ist zum einen bei sich selbst; Augustinus nennt dies ‚Gedächtnis' (*memoria*). Zudem erkennt er sich selbst (*intelligentia*) und bejaht sich selbst (*voluntas*).[19] Insofern er stets in diesem Verhältnis zu sich selbst steht, taugt er als Bild für Gott:

> „Der Geist erinnert sich seiner selbst, erkennt sich und liebt sich selbst. Wenn wir das betrachten, betrachten wir eine Dreieinigkeit, zwar nicht Gott, aber immerhin ein Bild Gottes."[20]

Augustinus denkt Gottes Einheit als in sich selbst differenziert; das erlaubt, von drei Personen zu sprechen. Andere Autoren haben zwischenmenschliche Verhältnisse als Vergleich für die göttliche Dreifaltigkeit gewählt und versucht, deren besondere Art der Einheit hervorzuheben. Künstler wiederum illustrieren das Sichdurchdringen der Personen, die nur in der gemeinsamen Natur Gottes ‚vollständig' sind, zum Beispiel im berühmten *Drei-Hasen-Fenster* des Paderborner Domkreuzgangs: jeder Hase hat zwei Ohren, aber aufgrund ihrer Anordnung sind es insgesamt nur drei, nicht sechs Ohren. Andere Kunstwerke veranschaulichen das liebevolle Zugewandtsein der göttlichen Personen und das Hervorgehen des Geistes aus der Beziehung von Vater und Sohn, so im Fresko der Kapelle von Urschalling oberhalb des Chiemsees. Natürlich hat jedes dieser Bilder seine Grenzen, zeigt aber zumindest *etwas* von Gott.

Warum gibt es exakt drei göttliche Personen, nicht zum Beispiel zwei oder vier? In erster Linie wäre vom Neuen Testament her zu antworten, dass sich Gott-Vater eben durch den Sohn und den Heiligen Geist geoffenbart hat – nicht durch sonstige Instanzen, die sinnvoll als göttliche Personen beschrieben werden könnten. Theologen späterer Zeiten haben nach weiteren guten Gründen gesucht; das klassische Argument zielt auf die Dreiheit als vollkommene Gestalt der Liebe und findet sich prominent bei Richard von Sankt-Viktor:

> „Wo zwei in gegenseitiger Liebe einander in höchster Sehnsucht umarmen und jeder in der gegenseitigen Liebe höchstes Entzücken findet, da liegt der Gipfel der Freude des einen gerade in der innigsten Liebe des anderen, und umgekehrt: der Gipfel der Freude des andern in der Liebe des ersten. Solange nun dieser in Ausschließlichkeit vom andern geliebt wird, ist er, wie man sieht, der einzige Besitzer seines süßen Entzückens, und der andere desgleichen. Solange sie keine Mitgeliebten haben, kann das Beste der Freude eines jeden nicht vergemeinsamt werden. Damit beide in ihrer Freude kommunizieren können, bedürfen sie eines Mitgeliebten (*condilectum*).“[21]

Gemeint ist, dass die Liebe von zwei Personen so lange unerfüllt bleibt, als sie nicht in einem Dritten ihr gemeinsames Ziel findet. Darum, so Richard, könne es eine echte Gemeinschaft der Liebe nur unter drei Personen geben. Was ist von diesem, auch von modernen Autoren benutzten, Argument zu halten?[22]

Das Dreifaltigkeitsfresko Urschalling befindet sich in der St.-Jakobus-Kirche in Urschalling im Chiemgau. © Foto Berger, Prien.

Dass eine Gottes würdige Liebe nicht die selige Selbstverschlossenheit von zwei Personen sein kann, halte ich für überzeugend. Allerdings könnte es ja auch sein, dass Gott zum Beispiel eine Welt schafft, auf die sich dann die gemeinsame Liebe von Gott-Vater und Gott-Sohn richtete. Damit würde aber das ‚echte' Niveau göttlicher Liebe nur erreicht, wenn Gott schöpferisch tätig wäre. Wer dieses Resultat vermeiden will, wird attraktiv finden, dass das gemeinsam von Vater und Sohn Geliebte innerhalb Gottes selbst liegt und von gleicher Würde ist. Diese spekulative Lesart macht die Dreizahl der Personen in Gott plausibel, ohne sie als notwendig herzuleiten.

Wo es um die Auslegung der christlichen Offenbarung geht, ist solch eine Herleitung auch nicht erforderlich. Das Bekenntnis zum einen Gott in drei Personen will allein die Offenbarung Gott-Vaters in seinem Sohn und im Heiligen Geist zu unserem Heil sinnvoll ins Wort fassen.

Ikone Gottesmutter von Vladimir

4. Maria, Mutter des Herrn

a) Das evangelische Marienbild

Jennifer Wasmuth

Inhalt

Maria steht im evangelischen Christentum anders als in der orthodoxen und der römisch-katholischen Kirche nicht im Zentrum – sie spielt weder in der Frömmigkeit noch in der dogmatischen Reflexion eine wichtige Rolle. Als Mutter Jesu hat sie gleichwohl immer eine Bedeutung gehabt. Bei den Reformatoren stand sie in hohem Ansehen, durch ökumenische Begegnungen und feministisch-theologische Ansätze werden gegenwärtig neue Zugänge zu ihr gewonnen.

Biblisch

Maßgeblich für das evangelische Verständnis der Maria ist ausschließlich die Bibel; Texte der kirchlichen Tradition werden zwar ebenfalls herangezogen, sie müssen sich jedoch am biblischen Zeugnis messen lassen (*sola scriptura*). Im Mittelpunkt der Auslegung stehen dabei die im Matthäus- und Lukasevangelium überlieferten Geburts- und Kindheitsgeschichten Jesu (vgl. Mt 1f; Lk 1f). Auch wenn diese als relativ späte literarische Stücke gelten, so speist sich das evangelische Marienbild wesentlich aus ihnen, weil es ansonsten nur spärliche Zeugnisse der Bibel über Maria gibt.

Als wichtiger Aspekt wird in der Auslegung herausgestellt, dass sich Maria vorbehaltlos dem Willen Gottes unterstellt. Auf die Ankündigung des Engels Gabriel antwortet sie mit den

Worten: „Siehe, ich bin des Herrn Magd; mir geschehe, wie du gesagt hast" (Lk 1,38). Als Maria von ihrer Verwandten Elisabeth auf die außerordentliche Gnadenwahl angesprochen (vgl. Lk 1,42: „Gesegnet bist du unter den Frauen, und gesegnet ist die Frucht deines Leibes") und sich dieser auch selbst bewusst wird (vgl. Lk 1,48f: „Siehe, von nun an werden mich selig preisen alle Kindeskinder. Denn er hat große Dinge an mir getan"), wird sie nicht überheblich. Im Gegenteil, in dem im Lukasevangelium überlieferten Lobgesang, mit dem Maria Elisabeth antwortet und der nach dem ersten Wort der lateinischen Übersetzung als „Magnificat" bekannt geworden ist (vgl. Lk 1,46–55), verweist sie auf ihre eigene Niedrigkeit und rühmt zugleich die Größe und Macht Gottes (vgl. Lk 1,52: „Er stößt die Gewaltigen vom Thron und erhebt die Niedrigen"). Als weitere Belege für Marias besondere Empfänglichkeit für das Wort Gottes gelten die Weihnachtsgeschichte (vgl. Lk 2,19: „Maria aber behielt alle diese Worte und bewegte sie in ihrem Herzen") wie auch die Erzählung von dem zwölfjährigen Jesu im Tempel (vgl. Lk 2,51). Besonders betont wird zudem das Motiv der Niedrigkeit, das sich durch Marias gesamte Lebensgeschichte zieht – in der armseligen Geburt in Betlehem (vgl. Lk 2,4–7), der Flucht nach Ägypten (vgl. Mt 2,13–23) und schließlich dem Stehen unter dem Kreuz des sterbenden Jesu (vgl. Joh 19,25-27). Wenn einerseits eine besondere Nähe Marias zu ihrem Sohn vorausgesetzt wird, so wird andererseits darauf hingewiesen, dass Marias eigener Weg des Glaubens auch von Unverständnis geprägt war. Beispielhaft dafür wird die Erzählung vom zwölfjährigen Jesus im Tempel angeführt, die davon berichtet, wie seine Eltern ihn suchen und zur Rede stellen. Als Jesus antwortet: „Warum habt ihr mich gesucht? Wusstet ihr nicht, dass ich sein muss bei denen, die zu meinem Vater gehören?" (Lk 2,49), verstehen seine Eltern ihn nicht. Auch setzt der Sohn die Mutter mehrfach zurück. Als eine Frau sie heraushebt („Selig ist der Leib, der dich getragen hat, und die Brüste, an denen du gesogen hast"), entgegnet Jesus: „Selig sind, die das Wort

Gottes hören und bewahren“ (Lk 11,27f, vgl. dazu auch Mk 3,31–35). Und als Maria ihren Sohn bei der Hochzeit zu Kana wegen des ausgehenden Weins anspricht, reagiert er mit den abweisenden Worten: „Was habe ich mit dir zu schaffen, Frau?“ (Joh 2,4). Als Beleg dafür, dass Maria gleichwohl ihrem Glauben treu geblieben und nach den Ereignissen in Jerusalem, dem Tod, der Auferstehung und der Himmelfahrt Jesu ein Glied der ersten christlichen Gemeinde geworden ist, wird die Apostelgeschichte genannt (vgl. Apg 1,14).

Dass die Jungfrauengeburt biblisch bezeugt ist, wird auf evangelischer Seite allgemein anerkannt. Zugleich wird jedoch darauf verwiesen, dass sie nur im Matthäus- und Lukasevangelium erwähnt wird (vgl. Mt 1,18–24; Lk 1,26–38), während sie in den sonstigen neutestamentlichen Schriften nicht vorkommt. Ob es sich bei der Jungfrauengeburt um ein historisches Ereignis oder eine bildhafte Veranschaulichung des Wunders der Geburt Christi handelt, ist strittig. Einigkeit besteht hingegen darin, dass die theologische Aussage der Jungfrauengeburt zunächst auf Christus und nicht auf Maria zielt: dass Christus als Sohn Gottes einen Ursprung hat, der natürliche Zusammenhänge übersteigt.

Exegetisch offen ist darüber hinaus die Frage, in welcher Verbindung Maria zur Kirche steht. Während eine solche Verbindung in anderen christlichen Konfessionen als selbstverständlich gilt, wird sie auf evangelischer Seite problematisiert. Dies betrifft insbesondere die im Johannesevangelium überlieferte Szene unter dem Kreuz, in der Jesus seine Mutter dem Lieblingsjünger anvertraut (vgl. Joh 19,25–27). Ob der Lieblingsjünger hier die Kirche symbolisiert und die Szene entsprechend eine bleibend enge Verbindung von Maria und Kirche impliziert, wird diskutiert. Auch die in anderen christlichen Konfessionen verbreitete Auslegung der in der Offenbarung des Johannes beschriebenen Vision einer mit der Sonne bekleideten und vom Drachen verfolgten Frauengestalt (vgl. Offb 12), der zufolge die Frauengestalt mit Maria zu identifizieren und Maria deshalb als Bild der Kirche zu verstehen ist, trifft auf evangelischer Seite nicht allgemein auf Zustimmung.

Historisch

In der Reformationszeit wurde die Marienverehrung einerseits ungebrochen fortgeführt: Die in den altkirchlichen Bekenntnissen formulierte Glaubensaussage über die Geburt aus der Jungfrau Maria wurde selbstverständlich übernommen.[1] Die dogmatischen Entscheidungen der ersten vier ökumenischen Konzilien und damit auch der Beschluss des 3. Ökumenischen Konzils von Ephesus (431) zu Maria als der Gottesgebärerin wurden als verbindlich anerkannt.[2] Maria blieb Gegenstand frommer Andacht, der Unterweisung im Glauben und gottesdienstlicher Predigt. Andererseits erfolgte eine Absetzung von damals weit verbreiteten Formen des Marienkultes. Sie wurden einer reformatorischen Grundsatzkritik unterzogen, was schon bald den Niedergang der Marienverehrung im evangelischen Raum zur Folge haben sollte. Für beides – die besondere Hochschätzung Marias wie die theologisch fundierte Kritik bestimmter Formen ihrer Verehrung – steht die Auslegung des Magnificat durch Martin Luther (1483–1546).[3]

Luther hat die Auslegung in den Jahren 1520/1521 und damit in einer Zeit äußerster Bedrängnis verfasst. Am Ende eines mit wachsendem öffentlichem Interesse verfolgten Häresieprozesses, der gegen ihn wegen seiner von der offiziellen Lehre abweichenden Thesen angestrengt worden war, wurde er im Januar 1521 exkommuniziert und sah sich den ungewissen Folgen des im April 1521 auf dem Wormser Reichstag über ihn verhängten Reichs-Banns gegenüber. Dieser außerordentlichen Situation entsprechen die theologische Konzentriertheit und sprachliche Intensität seiner Auslegung.

Luthers Hochschätzung Marias ist in einem Doppelten begründet: dass sie sich auf die göttliche Gnadenwahl, die Mutter des Sohnes Gottes zu sein, bedingungslos eingelassen hat und, wie Luther es formuliert, „eine fröhliche Herberge und willige Wirtin eines solchen Gasts gewesen ist“[4], dass sie sich selbst dadurch aber nicht als Person ausgezeichnet sah, sondern vielmehr auf ihre Niedrigkeit oder eher noch – mit Luther – Nichtigkeit einerseits und Gottes Macht und Güte andererseits verwiesen hat. Maria ist für Luther damit ein Vorbild für den rechten Glauben geworden, der nicht auf die eigenen Werke schaut, sondern sich ganz von Gottes Wort und Willen bestimmen lässt. Mit dem von ihr gesungenen „Magnificat“ zeigt sie an, so Luther,

> „wovon ihr Lobgesang lauten soll: nämlich von großen Taten und Werken Gottes, unseren Glauben zu stärken, alle Geringen zu trösten und zu schrecken alle hohen Menschen auf Erden. Auf diesen dreifachen Gebrauch oder Nutzen müssen wir den Lobgesang ausgerichtet sein lassen und erkennen: Sie hat ihn nicht allein für sich gesungen, sondern für uns alle gesungen, damit wir ihr nachsingen sollen.“[5]

Als solche kann und soll Maria Vorbild eines jeden einzelnen Gläubigen sein. Insbesondere gilt das für diejenigen, denen Regierungsverantwortung übertragen ist. Luther hat hier konkret den damaligen sächsischen Herzog Johann Friedrich (1503–1554) im Blick, ihm ist die Schrift gewidmet.[6] Denn „an der Person eines solchen großen Fürsten vieler Leute Heil liegt, wenn er seinem Eigenwillen entzogen und von Gott gnädig regiert wird, wiederum vieler Verderben, wenn er sich selbst überlassen und ungnädig regiert wird.“[7]

Bei aller Hochschätzung Marias übte Luther jedoch Kritik an einer übertriebenen Verehrung ihrer Person. Er erkannte darin die Gefahr, dass aus Maria ein „Abgott“ gemacht wird. Das aber widerspricht Luther zufolge Marias eigener Auffassung, will sie doch „Gott in ihr gelobt haben und durch sich jedermann zu guter Zuversicht auf Gottes Gnaden bringen“.[8] Wenn die Herzen mehr auf Maria als auf Christus gerichtet sind, dann wird vor allem Christus in den Hintergrund gedrängt.[9] Der Glauben an Christus allein (*solus Christus*) droht verlorenzugehen. Für Luther besteht die rechte Verehrung Marias deshalb darin,

> „dass es nicht allein mit Sagen oder Worten geschehe oder mit Kniebeugen, mit Hauptneigen, mit Hutabtun, mit Bildermachen, mit Kirchenbauen, was auch wohl die Bösen tun, sondern aus allen Kräften und mit gründlicher Wahrheit. Das geschieht, wenn das Herz […] durch das Hinsehen auf ihre Nichtigkeit und Gottes Gnade Freude und Lust durch sie zu Gott gewinnt und mit ganzem Herzen sagt oder denkt: O du selige Jungfrau Maria."[10]

Die Argumentation Luthers findet sich in dem für viele evangelische Kirchen grundlegenden Augsburger Bekenntnis (1530) und dessen Verteidigungsschrift, der Apologie (1531), wieder. Die Abgrenzung gegenüber der damaligen Marienverehrung wird hier allerdings schärfer als bei Luther formuliert, wenn in Art. 21 herausgestellt wird, dass die Heiligen zwar aus Gründen der Dankbarkeit, der Stärkung des Glaubens sowie der Nachahmung ihres Glaubens und ihrer Tugenden verehrt werden sollen, dass jedoch eine Anrufung der Heiligen in der Schrift nicht verlangt wird und eine Inanspruchnahme als Mittler der Erlösung ausgeschlossen ist. Mit Verweis auf 1 Tim 2,5 heißt es: „Es ist nur ein einziger Versöhner und Mittler gesetzt zwischen Gott und den Menschen, Jesus Christus."[11] Dies gilt speziell auch im Blick auf Maria, die als der „höchsten Ehren Würdigste" bezeichnet wird. Zwar wird eingeräumt, dass Maria für die Kirche betet, zugleich jedoch rhetorisch gefragt, ob Maria deswegen auch die Seelen im Tode aufnehmen, den Tod besiegen, lebendig machen kann: „Was tut Christus, wenn das die selige Maria tut?"[12] Schließlich wird kritisiert, dass Maria in der mittelalterlichen Frömmigkeitspraxis faktisch bereits an die Stelle Christi getreten ist: „Die Menschen riefen sie an, vertrauten auf ihre Barmherzigkeit, wollten durch sie Christus versöhnen, wie wenn jener nicht der Versöhner, sondern nur der schreckliche Richter und Rächer wäre."[13]

Liturgisch

Wie eine ausgeprägte Marienverehrung als römisch-katholisches Konfessionsmerkmal gilt, so hat sich im Gegenzug ein „marianischer Minimalismus" im evangelischen Christentum entwickelt.[14] Allerdings sind auch hier bestimmte Traditionen der Marienverehrung bewahrt worden. So finden sich die drei traditionellen Marienfeste der Darstellung des Herrn (2. Februar; Mariä Lichtmess), der Verkündigung der Geburt des Herrn (25. März; Mariä Verkündigung) und der Tag des Besuches Marias bei Elisabeth (2. Juli; Mariä Heimsuchung) im evangelischen Festkalender. Auch wenn sie als Herrenfeste gefeiert werden,[15] sind die ursprünglichen Bezüge zu Maria mit Blick auf die für diese Feste vorgesehenen biblischen Lesungen und Gebete unverkennbar. Das für das Verkündigungsfest vorgeschlagene Tagesgebet lautet beispielsweise:

> „Ewiger Gott,
> einst hast du deinen Engel zu Maria gesandt,
> ihr zu verkündigen,
> dass durch sie dein ewiges Wort Mensch würde,
> uns zu erlösen.
> Gib uns, wie Maria deine Gnade und Liebe zu empfangen,
> in Demut und Vertrauen,
> dass alle Welt den Heiland erkenne und dich preise.
> Das bitten wir durch ihn, Jesus Christus, deinen Sohn,
> der mit dir und dem Heiligen Geist – ein wahrer Gott –
> lebt und regiert in Ewigkeit."[16]

Das Magnificat ist Bestandteil der im Evangelischen Gesangbuch abgedruckten Vesper,[17] die Vertonung des Magnificat durch Johann Sebastian Bach (1685–1750) gehört zu den meistgespielten Stücken evangelischer Kirchenmusik. Mariengedenken findet insbesondere jedoch in der Advents- und Weihnachtszeit statt, mit Krippenspielen und Krippenfiguren. Auch erfreut sich in dieser Zeit das Marienlied „Es kommt ein Schiff geladen"[18] großer Beliebtheit.

Dogmatisch

Vor dem Hintergrund ökumenischer Begegnungen wird in dogmatischen Abhandlungen die Bedeutung Marias auch für den evangelischen Glauben betont: „Maria gehört als die Mutter Jesu in das Evangelium und ist keineswegs nur ‚katholisch'."[19] Erinnert wird an das gemeinsame altkirchliche Erbe, an die altkirchlichen Bekenntnisse und die Entscheidungen der Ökumenischen Konzilien zu Maria, die von der Reformation im 16. Jahrhundert aus theologischer Überzeugung heraus übernommen worden sind. Die tiefere Bedeutung dieses altkirchlichen Erbes gilt es danach im Lichte des biblischen Zeugnisses und gegenwärtiger Herausforderungen wiederzuentdecken.

Mit dem Ökumenischen Konzil von Ephesus (431) wird Maria neu als „Gottesgebärerin" (*theotokos*) verstanden, die ihre Würde allerdings allein daraus bezieht, Mutter des aus Gott geborenen Wortes Gottes zu sein: Mariologie als Theotokologie. Als Gottesgebärerin kann Maria zudem als Urbild der Kirche aufgefasst werden, und zwar in einem doppelten Sinne: zum einen als jene, die im Hören auf Gottes Wort Gnade gefunden hat und damit zum Vorbild für die in der Gemeinschaft der Kirche verbundenen Gläubigen wird, zum anderen als Bild für die Gemeinschaft der Gläubigen selbst – wie Maria den Sohn Gottes in die Welt hinein geboren hat, so bringt die Kirche den Menschen das Wort Gottes nahe durch ihre Verkündigung in Wort und Sakrament. Und schließlich kann dieser Titel auch positiv für das Bedürfnis nach einer nicht nur männlichen Repräsentation Gottes gedeutet werden:

> „Ist der Mensch Bild Gottes (Gen 1,27), dann ist es angemessen, Gott im Symbol menschlicher Personalität vorzustellen […]. Menschliche Personalität in ihrer Fülle enthält aber weibliche und männliche Seiten. […] War Maria zunächst angemessene menschliche Antwort auf Gottes Wort gewesen, so wurde sie als die ‚Gottesmutter' zur Offenbarung der weiblich-mütterlichen Seite des Wesens Gottes."[20]

Was die Lehre von der Jungfrauengeburt betrifft, lassen sich Anknüpfungen in dreifacher Weise feststellen. Die Bedeutung dieser Lehre wird *erstens* im Hinblick auf den Ursprung Jesu bekräftigt: Wenn Jesus wahrhaft als Gottes Sohn zu begreifen ist (vgl. Joh 1,1–17), dann kommt in der Jungfrauengeburt als einem Ereignis, das die natürlichen Gesetzmäßigkeiten sprengt, Jesu Ursprung in Gott theologisch angemessen zum Ausdruck. In der Jungfrauengeburt wird *zweitens* eine Widerspiegelung von Gottes schöpferischem Handeln erkannt: Wie Gott die Welt aus dem Nichts heraus erschaffen hat (*creatio ex nihilo*), so geschah auch die Geburt des Sohnes Gottes durch die Jungfrau Maria ohne ihr Zutun. *Drittens* steht die Jungfrauengeburt für Maria als Vorbild im Glauben: als der reinen Magd, die sich ganz auf den Willen Gottes eingelassen hat (vgl. Lk 1,38). Vor diesem Hintergrund kann selbst der Gedanke der immerwährenden Jungfräulichkeit Marias positiv aufgenommen werden – in dem Sinne, dass „Maria ihr Leben lang für Gott empfänglich blieb" und die „Würde eines ehelosen Lebens als eine Möglichkeit, erfüllt zu leben", damit angezeigt wird.[21]

Wenn ökumenische Begegnungen dazu beitragen, auf evangelischer Seite Maria mehr Aufmerksamkeit zu schenken und sie als Mutter Jesu in ihrer theologischen Bedeutung stärker zu würdigen, so stößt die Verständigung angesichts der beiden im 19. und 20. Jahrhundert formulierten römisch-katholischen Mariendogmen an ihre Grenze: des mit dem päpstlichen Erlass, der Bulle „Ineffabilis Deus" vom 8. Dezember 1854, verkündeten Dogmas von der Unbefleckten Empfängnis Mariens und des mit der Apostolischen Konstitution „Munificentissimus Deus“ vom 1. November 1950 verkündeten Dogmas von der Aufnahme Mariens in den Himmel.[22] Aus evangelischer Sicht stellen sich hier eine Reihe von Anfragen. Sie betreffen zunächst das biblische Zeugnis, aus dem sich keine direkten Belege für diese Dogmen anführen lassen. Maria scheint durch die Dogmen zudem in einer Weise dem natürlichen Schöpfungszusammenhang enthoben, dass trotz ihrer in der Schrift betonten Niedrigkeit nicht nur eine unüberbrückbare Distanz zu allen anderen Geschöpfen geschaffen, sondern sie auch auf eine Stufe mit Christus gestellt wird. Wenn Maria als in jeder Hinsicht sündlos und bereits unmittelbar nach ihrem Tod mit Leib und Seele in die himmlische Herrlichkeit aufgenommen gilt, dann werde allzu leicht verdeckt, dass das Heil allein in Christus liegt und es nur *einen* Mittler zwischen Gott und Menschen gibt. Vor dem Hintergrund der genannten Mariendogmen wird schließlich auch die Verbindung von Maria und der Kirche problematisiert: wenn die Unfehlbarkeit von Maria als „Mittlerin der Gnaden“ auf die Kirche übertragen wird, dann werde diese als Heilsanstalt verstanden, die wie Maria über die Fülle der Gnadenmittel verfügt.[23]

Einen ganz eigenen Zugang zu Maria bieten neuere Ansätze feministischer Theologie. Hier geht es darum, Marias Geschichte so zu erschließen, dass eine verengende historisch-kritische wie dogmatische Perspektive überwunden und die existenzielle Relevanz der Mutter Jesu für die Gegenwart dargelegt wird. In einer „Mariologie von unten“ wird Marias Schicksal entsprechend eingereiht in das Schicksal unzähliger Frauen, die unschuldig Opfer repressiver Strukturen werden. Maria wird nicht als ferne Himmelskönigin gezeichnet, sondern als junge Frau aus Nazareth, die in ihrem Leben Armut und Verfolgung zu erleiden hat und als Mutter die speziellen Nöte von Frauen kennt. Zugleich klingt jedoch auch das Außergewöhnliche in dem Schicksal Marias an, beginnend bereits mit ihrer Geburt durch Anna, die als unfruchtbar galt und erst in hohem Alter mit Maria schwanger werden konnte. Maria reagiert anders, als es von Frauen damals erwartet wurde, nicht allein mit Demut, sondern mit dem kämpferischen Willen zur Veränderung. Die Begegnung mit Gott ermächtigt sie zum Handeln. Als eindrückliches Zeugnis dafür gilt Marias Antwort auf die Ankündigung der Geburt Jesu, das Magnificat. Es wird als Lied der Befreiung aus bedrückenden Situationen der Versklavung verstanden, wie es in der folgenden Neudichtung durch die evangelische Theologin Dorothee Sölle (1929–2003) zum Ausdruck kommt:

> „Meine Seele erhebt den Herrn
> und mein Geist freut sich Gottes meines Heilands
> Meine Seele sieht das Land der Freiheit
> und mein Geist wird aus der Verängstigung
> herauskommen
> Die leeren Gesichter der Frauen
> werden mit Leben erfüllt
> und sie werden Menschen werden
> von Generationen vor uns,
> den geopferten, erwartet
> Gott hat große Dinge an mir getan
> er stößt die Gewaltigen von ihren Thronen
> und die Getretenen richtet er auf
> Barmherzigkeit wird erscheinen
> wenn die Abhängigen das vertane Leben aufgeben
> und lernen selber zu leben
> Hungrige hat er mit Gütern gefüllt
> und die Reichen leer weggeschickt
> Frauen werden in den Parlamenten entscheiden
> und die Sucht nach Herrschaft wird leer bleiben
> Ihre Ängste werden gegenstandslos werden
> und die Ausbeutung ein Ende haben

Meine Seele erhebt den Herrn
und mein Geist frohlockt über Gott meinen Retter."[24]

Literatur

Christiane Eilrich, Gott zur Welt bringen: Maria. Von den Möglichkeiten und Grenzen einer protestantischen Verehrung der Mutter Gottes, Regensburg 2011 (= Studien zu Spiritualität und Seelsorge 2).

Horst Gorski, Die Niedrigkeit seiner Magd. Darstellung und theologische Analyse der Mariologie Martin Luthers als Beitrag zum gegenwärtigen lutherisch/römisch-katholischen Dialog, Frankfurt a.M. u.a. 1987.

Manfred Kießig, Maria, die Mutter unseres Herrn. Eine evangelische Handreichung, Lahr 1991.

Frank Schleritt, Maria – „Mir geschehe nach deinem Wort", in: Britta Hübener u.a. (Hg.), Gestalten des Lebens. 24 Männer und Frauen des Alten und Neuen Testaments, Stuttgart 2010, 136–145.

Thomas A. Seidel/Ulrich Schacht (Hg.), Maria. Evangelisch. Mit einem Nachdruck von Martin Luther, Magnificat, verdeutscht und ausgelegt (1521), Leipzig/Paderborn 2011.

Dorothee Sölle, Maria. Eine Begegnung mit der Gottesmutter, Freiburg i.Br. 2005.

b) Das katholische Marienbild

Georg Bruder

Inhalt

Die katholische Kirche entwickelte im Verlauf ihrer Geschichte Lehraussagen zu Maria, die vier marianischen Dogmen. Maria ist Jungfrau. Sie ist die Mutter Gottes. Maria ist ohne Sünde. Sie ist mit Leib und Seele in den Himmel aufgenommen worden. Diese Dogmen sind Folge einer rationalen Auseinandersetzung mit dem vernünftigen Kern des christlichen Gottesbegriffs. Ihr Sinn ist es, die Lehre von Jesus Christus als dem Sohn Gottes zu verstehen und zu sichern.

„Was bedeuten eigentlich die zwölf Sterne auf der Europaflagge?“ Die ersten Mitgliedsstaaten? Unsere Verblüffung ist groß, wenn wir mit der richtigen Antwort konfrontiert werden.[25] Die zwölf Sterne sind eine Leihgabe aus einem biblischen Bild. Dieses stellt Maria dar, die Mutter von Jesus Christus, dem Sohn Gottes. Es ist Teil einer gewaltigen Vision, die im letzten Buch des Neuen Testaments beschrieben wird. Dieses Buch heißt Apokalypse oder auch „Geheime Offenbarung des Johannes“ und handelt vom Ende der Zeiten und vom Gericht.

> „Dann erschien ein großes Zeichen am Himmel: Eine Frau, mit der Sonne bekleidet, unter ihren Füßen der Mond und auf ihrem Haupt ein Kranz von zwölf Sternen. Sie war schwanger und schrie in Wehen und Geburtsqualen. Noch ein anderes Zeichen erschien am Himmel: Ein großer, feuerroter Drache mit sieben Köpfen und zehn Hörnern und mit sieben Diademen auf seinen Köpfen. Sein Schwanz fegte ein Drittel der Sterne vom Himmel und warf sie auf

> die Erde. Der Drache stand vor der Frau, die gebären sollte, um gleich nach der Geburt ihr Kind zu verschlingen. Und sie gebar ein Kind, einen Sohn, der über alle Völker mit eisernem Zepter herrschen wird. Und ihr Kind wurde zu Gott und seinem Thron entrückt.“ (Offb 12, 1–5)

Die Stelle ist das Urbild für zahllose Figuren und Abbildungen. Maria erscheint auf einer Mondsichel schwebend, einen Drachen zu ihren Füßen, mit einem Kranz von zwölf Sternen um ihr Haupt. Ob in der Europaflagge oder figurativ – fast unbemerkt begleitet uns dieses Bild Marias in unserem alltäglichen Leben. Aber verstehen wir seine Bedeutung?

Auf uns moderne Leser wirkt die Stelle wie ein Überrest aus Sagen und Mythen. Wir dürfen sie aber nicht wie naive Menschen missverstehen, sondern sind herausgefordert, durch das Bild hindurch auf den ursprünglichen rationalen Kern zu schauen. In der Auslegung des christlichen Gottesbegriffs wird sich zeigen, dass Maria aus ihm nicht wegzudenken ist. Das scheinbar märchenhafte Bild von Maria mit Mond, Sternen und Drachen hat einen vernünftigen Sinn.

Was ist das entscheidende Ereignis, das die Frauengestalt in der kosmischen Vision bestimmt? Es wird von ihr gesagt, dass sie einen Sohn gebiert, der über alle Völker herrschen wird und der zum Thron Gottes entrückt wird. Dies ist uns vertraut: Maria gilt als die Mutter von Jesus von Nazareth, der von den Christen *Sohn Gottes* genannt wird. Die katholischen Christen richten ihre Bitten an sie und sprechen sie als *Mutter Gottes* an. Doch was bedeutet der Titel *Sohn Gottes* eigentlich? Ist das nicht Mythologie – und passen dazu wiederum nicht die Sterne um Marias Haupt und der Drache? Um Maria in ihrer einzigartigen Stellung wirklich zu verstehen, muss geklärt werden, was die Gottessohnschaft Jesu von Nazareth bedeutet.

Kardinal Josef Ratzinger (geb. 1927) bemerkte über die marianischen Lehraussagen (Dogmen) der katholischen Tradition:

> „Die Kirche hat übrigens im direkten Dienst des Glaubens an Christus – nicht also in erster Linie aus Ergebenheit der Mutter gegenüber – ihre marianischen Dogmen verkündet: erst die immerwährende Jungfräulichkeit und die Gottesmutterschaft und dann, nach einer langen Zeit des Reifens und des Nachdenkens, die Erbsündelosigkeit und die leibliche Aufnahme Mariens in die himmlische Herrlichkeit. Diese Dogmen schützen den ursprünglichen Glauben an Christus als wahren Gott und wahren Menschen: zwei Naturen in einer Person."[26]

Der Begriff der Gottesmutter und der Begriff des Sohnes Gottes hängen also unmittelbar zusammen. Der vernünftige Sinn des Glaubens an den Sohn Gottes wird durch den vernünftigen Sinn der Lehre von Maria verständlicher gemacht und gesichert. Was ist aber der vernünftige Sinn des Glaubens an „den Sohn Gottes"?

Wenn wir über Gott von der Vernunft herkommend nachdenken, dann stoßen wir auf Eigenschaften, die ihm von seinem Wesen her zukommen: Er ist ewig. Er ist unendlich. Er ist die Ursache seiner selbst. Er ist Ursache von allem Endlichen, das entsteht und vergeht. Das Endliche ist genau darum endlich, weil es nicht Grund seiner selbst ist. Es benötigt etwas anderes, das es ins Sein bringt. Im großen Zusammenhang der Welt sind dies verschiedene weltliche Ursachen, aber alle diese Gründe gehen letztlich auf den einen Grund zurück, der selbst keines Grundes bedarf, und dies ist Gott.

Wie ist das Verhältnis von Gott und Welt nun aber näher zu denken? Sind das zwei vollkommen getrennte Bereiche? Ist Gott in seiner Unendlichkeit rein für sich, unberührt von der Endlichkeit der Welt? Dies scheint notwendig so zu sein. Der Begriff Gottes darf nicht durch endliche Vorstellungen getrübt werden, wie es in den Sagen und Mythen geschieht. Die geheimnisvolle Macht des Ursprungs der Welt erscheint dort im Gewand der Endlichkeit, in verschiedenen göttlichen Gestalten, die in das Schicksal der Menschen mit Übermacht eingreifen. Die Vernunft kann sich damit aber nicht zufrieden geben, denn dies widerspricht dem eigentlichen Sinn der Allmacht Gottes. Die Allmacht Gottes ist nicht eine überlegene endliche Macht, die die Welt jeweilig überragt – dies wäre gerade eine Verendlichung Gottes.

Wir müssen also Gottes Allmacht rein in sich selbst denken, ohne Vermischung mit weltlichen Vorstellungen. Dadurch entsteht jedoch ein Problem, auf das in dieser Klarheit der Philosoph Hegel (1770–1831) aufmerksam gemacht hat: Wenn wir Gottes Unendlichkeit ganz getrennt von der Welt denken, dann müssen wir dennoch die Welt als den Zusammenhang des Endlichen ihm gegenüber festhalten. Dann hätte aber Gott in der Welt eine Grenze. Die Welt, das Bedingte, wäre die Grenze des alles bedingenden Gottes. Das Geschaffene würde den Schöpfer letztlich verendlichen. Dies ist für die Vernunft nicht akzeptabel. Das Verhältnis von Gott und Welt muss anders gedacht werden. Hegels philosophische Lösung ist die „wahre Unendlichkeit“[27]. Gottes Unendlichkeit kann nicht nur auf seiner Seite verbleiben, sie muss gleichermaßen auf der unendlichen wie auf der endlichen Seite sein. Gottes Unendlichkeit muss in irgendeiner Weise die Welt mit umfassen und durchdringen. Hegel zeigt, dass es schon eine traditionelle Version dieser philosophischen Lösung gibt: Die Lehre von Jesus von Nazareth als dem Sohn Gottes.

Gott muss, um wirklich allmächtig zu sein, auch in der Welt ganz gegenwärtig werden. Dies kann jedoch nicht als ein Übergriff von außen geschehen. Die alten Religionen haben immer wieder tastende Versuche in diese Richtung unternommen. Zeus nimmt Tiergestalt an und kann sich dadurch jungen Frauen nähern, Leda und Europa, und mit ihnen Kinder zeugen. Diese Vorstellungen, wenn wir sie einmal ernst durchdenken, erscheinen uns mangelhaft. Der oberste Gott erscheint darin wie ein Verführer. Er ist vorgestellt als eine weltliche Überlegenheit, die mit Trug und Täuschung über den Menschen hinweg ihre Ziele erreichen kann. An diesem Unbehagen wird uns aber deutlich: Der Mensch hat selbst eine Würde. Wir wissen, dass Gott diese nicht übergehen kann, wenn er wirklich Gott ist. Gott hat die Schöpfung mit Freiheit versehen und hat dies ursprünglich so gewollt. Darum kann sein Eintritt in die Welt nicht anonym und auf Schleichwegen geschehen. Sondern, so unwahrscheinlich dies klingt: Wir müssen Gott so denken, dass er die Freiheit der Schöpfung achtet und die Schöpfung um ihr „Ja" anfragt. Genau in dieser Haltung, die der Schöpfung ihre Freiheit radikal einräumt, erweist sich seine Allmacht. Seine Allmacht ist seine Güte. Gott kommt nicht von außen und oben und mit Gewalt in die Welt, sondern von ihr selbst her – als ein Mensch.

Der Gedanke ist überraschend und fremdartig. Er entspricht jedoch genau dem Ereignis der Verkündigung des Herrn, wie es bei Lukas berichtet wird (Lk 1,26–38). Die Verkündigungsszene ist das andere große Bild Marias. Sie hat zu unzähligen Darstellungen in der abendländischen Kunst geführt. Ein Engel tritt bei Maria ein. Sie ist eine Jungfrau aus Nazareth und verlobt. Er grüßt sie höflich und nennt sie „Begnadete". Er verkündet ihr, dass sie schwanger werden wird. Sie fragt ihn, wie das gehen soll, sie komme ja noch nicht mit einem Mann zusammen. Er antwortet ihr: durch die Kraft des Geistes Gottes. Sie wird einen Sohn gebären, der Sohn des Höchsten genannt werden wird und dessen Herrschaft kein Ende haben wird. Maria gibt ihre Zustimmung. Sie sagt: Mir geschehe nach deinem Wort.

Für uns ist es genauso schwer zu verstehen, wie für Maria, wie das geschehen soll: dass sie Jungfrau war und blieb und dennoch schwanger mit Jesus Christus wurde. Daher liegt es für die moderne Interpretation nahe, die Jungfrauengeburt symbolisch zu verstehen. Damit weicht man jedoch dem biblischen Bericht aus, der in dieser Frage unzweideutig ist. Unsere Aufgabe muss es daher sein, den sachlichen Sinn des Berichts verständlich zu machen. Dadurch wird deutlich werden, dass die Jungfrauengeburt mit den vernünftigen Fundamenten des christlichen Gottesbegriffs unmittelbar zusammenhängt.

Gott vollbringt seine wahre Unendlichkeit dadurch, dass er selbst Teil der endlichen Welt wird. Er bezieht die Schöpfung mit in sein Leben ein. Dass „der Sohn" in die Welt kommt, ist also ihr Ziel und ihre Vollendung, aber auch die Erfüllung der Allmacht Gottes. Diese Vollendung kann nicht so gedacht werden, dass die Schöpfung sie aus eigenem Bestand heraus hervorbringt. Sie hat zwar als Abbild Gottes selbst eine gewisse Schöpferkraft und Autonomie. Dies zeigt sich in ihrer Fähigkeit, sich selbst durch biologische Fortzeugung im Sein zu halten. Diese biologische Fortpflanzung kann aber nicht jenen Neuanfang vollbringen, der die Schöpfung in Gottes Unendlichkeit integriert. Die Natur kann sich nicht selbst durch den natürlichen Zeugungsvorgang vergöttlichen. Wenn wir also den Glauben an den Sohn Gottes wirklich in seiner Tiefe denken, dann kann dieser unmöglich aus einer menschlichen Zeugung stammen.

Ist die Jungfrauengeburt dann also ein äußerliches, biologisches Mirakel? Im Gegenteil, sie verweist auf die eigentliche Tiefe des Biologischen. Alle biologische Schöpferkraft entstammt der absoluten Schöpfermacht Gottes, der die Welt aus Nichts erschaffen hat. Diese Schöpfermacht Gottes vollendet die Natur, indem er Teil von ihr wird. Aber diese Vollendung kann nicht an der Freiheitsgeschichte des Menschen vorbei geschehen, sondern muss sie miteinbeziehen. Er muss „von unten" in sie eintreten, als Mensch, als Säugling, als Sohn einer Mutter, nicht mit einer äußerlichen Machtdemonstration. Das Wesen der Schöpfung im Menschen ist ihre Freiheit und ihre personale Würde. Gottes Eintritt kann nicht anonym bleiben, er will die personale Größe des Menschen nicht unterlaufen. Daher fragt Gott Maria.

Maria ist in diesem Ereignis die Auserwählte. Sie steht stellvertretend für die ganze Schöpfung. Die Zustimmung, die

Maria gibt, ihr „mir geschehe nach deinem Wort“, steht für das freie „Ja“ der ganzen Natur zu ihrer Vollendung. Maria kann dieses freie Ja aus dem Geist Gottes heraus sprechen, der sie begnadet hat. Nun wird der vernünftige Sinn deutlich, den das Bild von der kosmischen Frau aus der Offenbarung darstellt. Es zeigt auf das vernünftige Fundament des christlichen Glaubens, in dessen Zentrum Maria mit hineingehört. Maria steht auf der Sichel des Mondes, ihr Haupt ist von Sternen umrahmt: Der ganze Kosmos ist auf sie hin geordnet und verweist auf sie. Sie ist die Auserwählte, die für den ganzen Kosmos „Ja“ zu Gott sagt. Das Bild sagt: Maria, die Jungfrau, Mutter des Sohnes Gottes, ist durch Gottes Gnade das höchste endliche Wesen. Durch sie kommt der Erlöser in die Welt, der die Welt zu Gott bringt. Die Lehre von der Jungfräulichkeit ist also buchstäblich zu nehmen. Mit ihr steht und fällt der vernünftige Sinn des Glaubens an den Sohn und dadurch des Glaubens an Gott.

Unser Gedankengang machte deutlich, dass es zur Allmacht Gottes selbst gehört, dass er in die Welt eintritt. Was heißt es nun aber genau, dass Jesus „der Sohn“ ist? Und was heißt es, dass Maria die „Mutter Gottes“ genannt wird – wie wörtlich ist dies zu verstehen? Wir können das nur rechtfertigen, wenn wir verstehen, wo der Titel „Sohn Gottes“ herkommt[28].

Jesus von Nazareth wird nach dreijährigem öffentlichen Wirken vom Hohen Rat der Juden der Blasphemie beschuldigt und den Römern übergeben. Pilatus gegenüber, der Sympathie für Jesus hegt und ihn nur widerwillig verurteilt, bleibt Jesus distanziert und leugnet nicht, dass er „ein König“ sei. Daraufhin wird Jesus als Aufrührer am Kreuz umgebracht. Sein Grab wird jedoch am übernächsten Tag leer aufgefunden. Er erscheint den befreundeten Frauen und den Schülern als Lebender, mit seinen Todeswunden, in einer neuartigen Körperlichkeit. Dadurch wird klar: Er war kein Gotteslästerer. Gott rechtfertigt ihn. Er lebt nun bei Gott – wie in der alttestamentarischen Verheißung (Psalm 2, 6–9) – als sein Erbe. Er sitzt zu seiner Rechten, als der *Sohn* Gottes (Psalm 110, 1). Wie kommt es dann aber, dass

Gott ihn qualvoll leiden ließ? Er war doch gerade vollkommen frei von Schuld. Er kann nur als Stellvertreter den Tod erlitten haben, für die Sünde eines anderen! Dem Schülerkreis Jesu wird im Nachdenken bewusst: Er kann nur als Stellvertreter den Tod erlitten haben, für die Sünde eines anderen! Im Alten Testament wird der Zusammenhang von Sünde und Tod klar gesehen: Der Tod ist die Folge der Sünde. Gott will den Tod der Menschen nicht, denn er ist gut und gönnt den Menschen alles[29]. Aber der Mensch ist frei geschaffen. In der Freiheit wählt er die Sünde und damit die Abwendung von Gott und dem Leben. Er wählt selbst den Tod. Gott zeigt nun seine Allmacht auch noch über den Tod, indem er ihn überwindet. Dies geschieht nicht durch ein äußerliches Durchstreichen – das wäre wiederum eine Vernichtung des Wesens des Menschen und seiner Freiheit. Die Sünde kann nicht geleugnet und vergessen werden, sie ist wirklich geschehen! Gott kann seine Allmacht auch über den Tod nur dadurch erweisen, dass er selbst endlich wird, „von unten" als Mensch in die Welt kommt und stellvertretend die Sünde auf sich nimmt, den Tod erträgt und ihn von innen her überwindet. Dieser Sinn des Todes und der Auferstehung Jesu von Nazareths wurde von seinen Schülern Stück für Stück verstanden und entfaltet.

Dadurch wird aber nun klar: Jesus von Nazareth hat den Tod besiegt und uns in ein ewiges Leben mit Gott gebracht. Er ist die Mitte und das Ziel der Welt. Er ist ihr ewig lebendiger Schlussstein. Er ist auch ihr Anfang, auf ihn hin wurde sie geschaffen. Als der Bezwinger des Todes ist er, der Gekreuzigte und Auferstandene, der Pantokrator, das heißt der Herrscher über den ganzen Kosmos.

Als der Bezwinger des Todes lebt der Auferstandene bei Gott, wie im Psalm sitzt er zu seiner Rechten, als Erbe des Königtums (Ps 110, 1). Er ist also *der Sohn* und das wird nun sein maßgeblicher Titel. Es kann nicht anders gedacht werden, als dass er dieser Sohn schon von Anfang an war. Durch Kreuzigung und Auferstehung wird den Jüngern also klar: Gott muss in seinem

Wesen als Vater und Sohn verstanden werden, von Ewigkeit her.

Es ist also nicht so, dass Jesus irgendwann eine besondere Berufung verspürte und dadurch zum Sohn *wurde*. Die frühe Kirche kam zum Durchbruch der Erkenntnis: Er war immer schon der Sohn, voll und ganz, von Anfang an und von Ewigkeit her. Maria, seine Mutter, hat also wirklich den ewigen Sohn geboren. Sie ist wirklich Gottesmutter. So wurde sie beim Konzil von Ephesus im Jahre 431 proklamiert und bejubelt: „Die Kirche bekennt, dass Maria wirklich Mutter Gottes (Theotokos, Gottesgebärerin) ist."[30] Wenn der zweite Teil des Rosenkranzgebets mit den Worten beginnt: „Heilige Maria, Mutter Gottes, bitte für uns Sünder", dann ist das also ein Titel mit Wahrheitsanspruch. Dieser Anspruch speist sich aus dem Zusammenhang mit der Lehre von Christus. Der vernünftig erschlossene Begriff des einen Gottes zeigt sich nach der Auferstehung als in sich beziehungshaft, als Liebe zwischen Vater und Sohn. Der vernünftige Kern der Christologie (Lehre von Christus) erschließt den vernünftigen Kern der Mariologie (Lehre von Maria) und zeigt, was bei ihr unverzichtbar gelten muss, damit Gott in seiner wahren Allmacht gedacht werden kann. Der Titel Gottesmutter ist also etwas Rationales. Der Mensch Jesus von Nazareth, Sohn der Maria, offenbart sich in der Auferstehung als von Ewigkeit her zu Gott gehörend und als identisch mit ihm. Dies muss er aber von Anfang an gewesen sein. Deshalb muss gesagt werden, dass Maria wirklich die Mutter Gottes ist.

An der Idee der Gottesmutter wurde deutlich, dass die Lehre von Maria die Lehre von Christus auslegt. Das Nachdenken über Maria entspringt den Fragen nach Christus und seiner Auferstehung. Eine solche Frage wurde auch im dritten marianischen Dogma beantwortet: Es handelt sich um die Lehre von der unbefleckten Empfängnis, die 1854 verkündet wurde. Sie darf nicht mit der Lehre von der Jungfräulichkeit verwechselt werden. Man denkt hier oft fälschlich an die Empfängnis Jesu durch Maria. Das ist ein Irrtum! Das Dogma spricht vielmehr davon, dass *Maria selbst* unbefleckt empfangen wurde, das heißt, dass sie ab Beginn ihres Menschseins frei von Sünde war. Es lehrt, dass

> „die seligste Jungfrau Maria im ersten Augenblick ihrer Empfängnis durch die einzigartige Gnade und Bevorzugung des allmächtigen Gottes im Hinblick auf die Verdienste Christi Jesu, des Erlösers des Menschengeschlechtes, von jeglichem Makel der Urschuld unversehrt bewahrt wurde.“[31]

Was ist damit gemeint? Der Gedanke ist die konsequente Fortführung der Lehre von der Jungfrauengeburt und ihrem christologischen Kern. Gott kommt um seiner Allmacht willen in die Welt, aber so, dass er der Freiheit der Welt voll Raum gibt. Dies geschieht in der Erwählung Marias. Sie spricht stellvertretend für den ganzen Kosmos das reine Ja zu Gott. Dieser ungebrochene, volle Zuspruch zu Gott kann strenggenommen von einem Menschen nicht erbracht werden. Die Menschen sind in ihrem Menschsein als solchem, von ihrer Wurzel her, von der Möglichkeit der Sünde belastet. Ihre Freiheit ist angreifbar. Sie sind nicht voll für das Gute schlechthin offen, sondern unterliegen einer prinzipiellen Verführbarkeit, die zur Sünde und zum Tod führt. Das meint der Gedanke der „Erbsünde“. Das reine Ja Marias zu Gott ist deshalb nur so möglich, dass er selbst in ihr durch seinen Geist dieses Ja ermöglicht. Maria muss in ihrer ganzen Existenz, von ihrer Wurzel her, also ab dem Beginn ihres Menschseins, von Gott für dieses Ja befähigt sein. Sie ist, wie der Engel sagt, „voll der Gnade“. Das kann aber nicht als etwas Episodisches gedacht werden, als hätte Maria eine momentane Inspiration, die dann wieder verfliegt. Sondern dieses Ja hat nur Sinn in seiner Verwurzelung in ihrer ganzen Person. Maria ist genau darum für alle Menschen Vorbild. Sie ist der erste erlöste Mensch.

In einigen Episoden aus dem Neuen Testament wird der geistgetragene Sinn der Reinheit Marias besonders klar ausgesprochen: Bei Lukas 11,27f sagt eine Frau zu Jesus: „Selig der Leib, der dich getragen und die Brust, die dich genährt hat." Jesus antwortet ihr: „Ja, selig sind jedoch vielmehr diejenigen, die das Wort Gottes hören und es befolgen." Er lenkt also die Aufmerksamkeit weg von der Idee einer *äußerlichen Verbundenheit* mit Jesus, die Privilegien begründete. Es ist gerade umgekehrt: Die Erwählung Marias besteht *vorab* in ihrer prinzipiellen Freiheit von Sünde. Dadurch ist sie frei, ganz rein auf das Wort Gottes zu hören und ihm zu entsprechen und genau darum kann sie Mutter Gottes werden.

Ähnlich kann die Stelle Lukas 8, 19ff verstanden werden: Jesus lehrt und man macht ihn darauf aufmerksam, dass seine Mutter und seine Brüder auf ihn warten. Er antwortet: „Meine Mutter und meine Brüder sind die, die das Wort Gottes hören und danach handeln." Marias Auszeichnung kommt also nicht von der dynastischen Beziehung zu Jesus, sondern umgekehrt: Weil sie frei von Sünde und damit radikal frei für das Wort Gottes ist, darum wird sie zur Mutter einer neuen Familie, die durch das Hören auf das Wort Gottes konstituiert wird.

Das letzte der vier Dogmen handelt von der Aufnahme Marias in den Himmel. Es besagt, dass sie nach ihrem Tod nicht im Grab verweste, sondern mit Leib und Seele in den Himmel aufgenommen wurde und nun als lebendig Auferstandene bei Gott lebt. Wie schon die Jungfrauengeburt, ist auch dieser Gedanke für uns moderne Menschen schwer zu verstehen. Die Verkündigung des Dogmas im Jahr 1950 wirkte wie aus der Zeit gefallen und traf auf Unverständnis. Die Tradition der „Assumptio Beatae Mariae Virginis", der Aufnahme der seligen Jungfrau Maria in den Himmel, ist jedoch bis in früheste Ursprünge bezeugt. Wir können in Jerusalem das leere Höhlengrab Marias besuchen[32]. Es gibt auffälligerweise keine Reliquie von Maria, im Gegensatz zu den Aposteln. Die Mosaiken in den Basiliken des frühen Mittelalters geben beredtes Zeugnis von der voll ausgebildeten Tradition des Glaubens an die Aufnahme und Krönung Marias. Aber die Tradition allein reicht nicht, der vernünftige Sinn der Lehre muß verständlich werden.

Der Sinn des Lebens, Sterbens und Auferstehens Jesu Christi ist die Verwirklichung der Allmacht Gottes. Sie zeigt sich endgültig im Sieg über Sünde und Tod, in der Erlösung des Menschen. Erlösung heißt aber: Aufnahme des ganzen Menschen in seiner Geschöpflichkeit in Gottes Leben. Dies ist das entscheidende rationale Fundament, mit dem der Glaube der Kirche steht und fällt. Die Rettung des Menschen liegt nicht in einer Erlösung des Geistes oder der Seele, sondern in der *Auferstehung des Leibes*. Die Rettung des Menschen und damit der Schöpfung kann nicht nur in einer geistigen Sphäre geschehen, das Christentum ist keine Geistreligion. In ihr wäre Gottes Allmacht begrenzt, der Leib und seine Todverfallenheit wäre das Signum dieser Grenze Gottes. In Jesus Christus zeigt Gott, dass seine Macht auch den Leib mit einschließt. Zu diesem Geschehen gehört aber Maria von Beginn an mit dazu: Sie ist die unbefleckt Empfangene, Sündenlose, von der Wurzel her Begnadete, daher kann sie stellvertretend für den ganzen Kosmos das freie Ja zu Gott sprechen. Durch Gottes Geist ist sie schon der erste erlöste Mensch. Die Himmelfahrt wird hier nun verständlich: Die Idee der Verwesung Marias wäre eine Verkürzung des Glaubens, ein Rückfall in einen ungenügenden Gottesbegriff. Der Sinn der allmächtigen Güte Gottes ist es, dass er den Menschen in seiner ganzen Geschöpflichkeit rettet und in sein ewiges Leben aufnimmt.

Die schönste Darstellung dieses Geschehens findet sich in den Mosaiken in der Basilika Santa Maria Maggiore in Rom. Marias Tod wird unten im Halbrund des Chors dargestellt. Sie ist umringt von den Aposteln. Jesus tritt an ihr Totenbett. Er trägt sie schon auf dem Arm, das heißt, er holt sie zu sich. Darüber, in der Apsis, wird das Ereignis weitererzählt: Maria thront zur Rechten Christi, des Weltenherrschers, und er krönt sie.

Mosaik in der Apsis der Basilica Santa Maria Maggiore, Rom. Foto: Wolfgang Moroder.

Was sich an Maria vollzieht, bleibt nicht auf sie beschränkt. In ihr sind alle Gläubigen mit gemeint. Als Himmelskönigin ist Maria die erste Ansprechpartnerin für die Bitten aller Gläubigen. Dieser Gedanke hat seine festen Wurzeln in der Schrift. Bei der Hochzeit zu Kana bittet Maria für Verwandte in peinlicher Lage. Jesu Antwort ist: „Frau, was ist zwischen mir und Dir? Meine Stunde ist noch nicht gekommen“ (Joh 2, 3–5). Er verweist damit auf die Stunde seines Todes und damit auf seine Auferstehung. „Die Stunde ist gekommen, dass der Menschensohn verherrlicht wird.“ (Joh 12, 23). „Vor dem Osterfest, da Jesus wusste, dass seine Stunde gekommen war …“ (Joh 13, 1). In dieser Stunde seines Kreuzes vertraut Jesus den Jünger Johannes seiner Mutter an und mit ihm die Jünger überhaupt. Er begründet damit die Kirche und setzt Maria als ihre Mutter ein. Von nun an wird ihr auch die Fürbitte für die Menschen anvertraut, die sie als Himmelskönigin für uns vorbringt.

Die Himmelfahrt Marias ist kein überbordendes Sondergut, sondern sie zielt auf den Kern des Gottesbegriffs. Sie ist unverzichtbar für seinen vernünftigen Sinn. Gottes wahre Allmacht erweist sich darin, dass er ganz auf die Seite der endlichen Freiheit kommt. Er nimmt die Sünde und den Tod des Menschen auf sich und besiegt sie. Die erlöste Menschheit in ihrer ganzen Geschöpflichkeit, also auch leiblich, ist schon in Gottes Leben angekommen, dadurch erweist sich Gott als Gott. In der Himmelfahrt Marias wird diese Wahrheit, die den Gottesbegriff auslegt und schützt, festgehalten. In Maria ist die erlöste Menschheit und mit ihr der ganze Kosmos schon in Gottes Ewigkeit aufgenommen.

c) Das orthodoxe Marienbild

Jennifer Wasmuth

Inhalt

Für das orthodoxe Christentum spielt Maria eine zentrale Rolle. Ihre Verehrung ist fest in der orthodoxen Liturgie und Frömmigkeit verankert. Als Mutter Jesu stellt sie einen Kernbestandteil der dogmatischen Reflexion über Christus, die Kirche und den Menschen dar. Ohne Maria lässt sich das orthodoxe Christentum nicht verstehen, wie umgekehrt einen Zugang zu der Eigenart dieser neben dem Katholizismus und Protestantismus bedeutendsten christlichen Konfession nur gewinnen kann, wer sich mit Maria eingehender befasst.

Schrift und Tradition

Maßgeblich für das orthodoxe Verständnis der Maria sind Zeugnisse der Bibel und der kirchlichen Tradition. Anders als bei einem typischen protestantischen Auslegungsprinzip („allein die Schrift") werden diese Zeugnisse nicht voneinander abgesetzt, sondern in der Weise aufeinander bezogen, dass sie sich gegenseitig interpretieren. In ihrer Gesamtheit ergeben sie ein Bild von der einzigartigen Bedeutung, die Maria bereits seit den Anfängen des Christentums zukommt.

Grundlegend sind die neutestamentlichen Berichte über Jesu Geburt und Kindheit, wie sie in Mt 1f und Lk 1f überliefert sind: die Ankündigung der Geburt durch den Engel Gabriel, die Jungfräulichkeit Marias, die Schwangerschaft durch den Heiligen Geist, der Besuch Marias bei Elisabeth, Marias Lobgesang, die Geburt in Bethlehem, die Flucht nach Ägypten, der zwölfjährige Jesus im Tempel. Aus diesen Berichten wird als für das orthodoxe Verständnis wesentliche Kernaussage entnommen: Die Bedeutung Marias erschließt sich zentral über das Ereignis der Menschwerdung Gottes in Christus. Es geht nicht in erster Linie um die Person, sondern um die Beziehung zu ihrem Sohn: Maria, die Mutter Jesu. Diese Kernaussage wird mit weiteren neutestamentlichen Zeugnissen untermauert. Verwiesen wird darauf, dass das Johannesevangelium ausschließlich von der Mutter Jesu (vgl. Joh 2,1–11; 19,25–27) redet, der Name Maria hingegen ebenso wenig wie im paulinischen Schrifttum erwähnt wird (vgl. Gal 4,4). Gleiches gilt für die Offenbarung des Johannes, die Apokalypse, mit der Vision von dem großen Zeichen im Himmel: einer Frau, mit der Sonne bekleidet, der Mond unter ihren Füßen und auf ihrem Haupt eine Krone von zwölf Sternen. Die Frau, die schwanger ist und unter Qualen einen Sohn gebiert, der zu Gott entrückt wird, und sich der Verfolgung durch einen gewaltigen Drachen ausgesetzt sieht (vgl. Offb 12), wird mit Maria identifiziert: als dem Urbild der Kirche, die als Mutter der in Christus wiederhergestellten Menschheit gilt.[33]

Der in den neutestamentlichen Berichten bereits angelegte Ansatz einer typologischen Exegese wird übernommen und ausgeweitet. Danach erfüllt sich in den im Neuen Testament berichteten Ereignissen, was in den Schriften des Alten Testaments verheißen ist. Wenn in Mt 1,22f die Jungfräulichkeit Marias auf das Prophetenwort in Jes 7,14 bezogen wird („Das ist aber alles geschehen, auf dass erfüllt würde, was der Herr durch den Propheten gesagt hat, der da spricht: ‘Siehe, eine Jungfrau wird schwanger sein und einen Sohn gebären, und sie werden ihm den Namen Immanuel geben‘, das heißt übersetzt: Gott mit uns.“), so werden dieser Stelle weitere Stellen hinzugefügt, die Marias besondere Stellung im göttlichen Heilsplan verdeutlichen sollen. Als Vorabbildungen des mit Maria verbundenen Heilsereignisses kommen häufig der Traum Jakobs von der Himmelsleiter (Gen 28,10–22) oder auch der nichtverbrennende Dornbusch (Ex 3,1–5) vor. Sie verweisen auf Maria, die als Mutter Jesu wie Jakobs Himmelsleiter und zugleich mehr noch als diese die Verbindung von Himmel und Erde möglich gemacht hat und die wie der Dornbusch nicht verbrannte, obwohl Gott „in ihr Wohnung genommen hat". Auch wird Maria als die neue Eva verstanden, die durch einen Akt absoluten Gehorsams die Voraussetzungen dafür geschaffen hat, dass die Geschichte des Sündenfalls (Gen 3) in eine Geschichte des Heils überführt werden kann.

Ikone Unverbrennbarer Dornbusch

Über die biblischen Zeugnisse hinaus sind es nicht als Teil der Bibel anerkannte, sog. apokryphe Schriften, die das orthodoxe Marienbild in hohem Maße geprägt haben. Dazu gehört insbesondere das wahrscheinlich im 2. Jh. außerhalb Palästinas entstandene Protevangelium (Weissagung) des Jakobus, das von Marias Geburt nach der langen Kinderlosigkeit ihrer Eltern Anna und Joachim, ihrem Tempeldienst in Kindheit und früher Jugend sowie von weiteren, über die neutestamentlichen Evangelien hinausgehenden Details der Geburtsgeschichte Jesu berichtet.[34] In anderen, wohl aus späterer Zeit stammenden, apokryphen Schriften finden sich ausführliche Schilderungen über die Umstände ihres Todes, des Eingangs ihrer Seele in den Himmel und ihres Leibes in das Paradies.[35]

Anschließend an die biblische wie außerbiblische Überlieferung haben sich in der Zeit der Kirchenväter Ehrenbezeichnungen für Maria herausgebildet, die bis heute von maßgeblicher Bedeutung sind. Zu den drei wichtigsten Titeln gehören: Gottesgebärerin (*theotokos*), immerwährende Jungfrau (*aeiparthenos*), Hochheilige (*panagia*).

Der Titel „Gottesgebärerin" ist in einem der ältesten Mariengebete bezeugt. Das Gebet, dessen Entstehung auf die Zeit vor dem 4. Jahrhundert zu datieren ist, beginnt mit den Worten: „Unter deinen Schutz und Schirm fliehen wir, o heilige Gottesgebärerin".[36] Bei Kirchenvätern des 4. Jahrhunderts findet der Titel vermehrt Verwendung, eine herausgehobene Bedeutung erhält er dann jedoch in den theologischen Auseinandersetzungen des 5. Jahrhunderts. Die Kontroverse um den Titel wurde ausgelöst durch den neu berufenen Patriarchen von Konstantinopel Nestorius (428–431), der den Titel „Christusgebärerin" bevorzugte. Der Titel „Gottesgebärerin" schien ihm die Gefahr zu bergen, Christus allein als Gott und nicht zugleich als Mensch zu verstehen. Auch verwies er auf das biblische Zeugnis, in dem von der Geburt Christi und nicht Gottes die Rede ist (vgl. Mt 1,16). Sein prominentester Gegner, der Patriarch von Alexandria Kyrill (412–444), hingegen argumentierte, dass nur durch den Titel „Gottesgebärerin" die Einheit der Person Christi hinreichend sichergestellt werde. In der Geburt habe sich nicht eine göttliche mit einer menschlichen Natur vereinigt, vielmehr habe das Wort Gottes Fleisch angenommen. Insofern habe Maria nicht eine göttliche Natur geboren – das ist auch aus Kyrills Sicht undenkbar –, sondern die menschgewordene Person des Wortes Gottes. Zur Schlichtung der im damaligen byzantinischen Reich immer weiter um sich greifenden Streitigkeiten wurde 431 ein Konzil nach Ephesus einberufen. Das Konzil, das später als 3. Ökumenisches Konzil anerkannt werden sollte, folgte der Argumentation Kyrills und entschied sich zugunsten des Titels „Gottesgebärerin".[37] Wie die unterschiedlichen Positionen in der Kontroverse zeigen, standen im Mittelpunkt christologische, nicht mariologische Fragen. Bei dem Titel geht es entsprechend nicht um eine Ehrenbezeichnung, die Maria um ihrer selbst willen zukommt. Der Titel dient vielmehr dazu, das zentrale Ereignis der Inkarnation (Menschwerdung) festzuhalten, er wird zum Prüfstein für den wahren Glauben und kann deshalb unter allen Titeln als der wichtigste gelten. Oder es ließe sich auch anders formulieren: Mariologie ist nach orthodoxem Verständnis wesentlich „Theotokologie", eine auf Maria angewandte Form der Christologie.

Von der Geburt durch die Jungfrau Maria ist im wichtigsten Bekenntnis des orthodoxen Christentums die Rede, dem sog. Nicaeno-Constantinopolitanum. Das Bekenntnis wird auf das 2. Ökumenische Konzil von Konstantinopel (381) zurückgeführt. In dem Abschnitt über Christus heißt es: „Für uns Menschen und zu unserem Heil ist er vom Himmel gekommen, *hat Fleisch angenommen durch den Heiligen Geist und von der Jungfrau Maria* und ist Mensch geworden." Die Bezeichnung „immerwährende Jungfrau" ist ebenfalls seit dieser Zeit belegt, die Auffassung von einer nicht nur auf die Geburt Jesu, sondern andauernden Jungfräulichkeit findet sich jedoch schon früher. Ausgehend von dem biblischen Bericht über die Jungfrauengeburt entwickelte sie sich vor dem Hintergrund erstarkender asketischer Tendenzen. Wenn neutestamentlich verschiedentlich von Geschwistern Jesu die Rede ist (vgl. Mt 12,46–50 par; Joh 2,12; Apg 1,14), so werden diese zumeist mit Kindern aus einer früheren Ehe Josefs identifiziert, seltener mit Cousins Jesu. Der Titel erscheint in den Konzilsbeschlüssen des 5. Ökumenischen Konzils von Konstantinopel (553),[38] anders als in der Römisch-Katholischen Kirche wurde die Lehre von der immerwährenden Jungfräulichkeit jedoch nicht dogmatisiert.

Der Titel „Allheilige" begegnet ebenfalls gehäuft seit dem 4. Jahrhundert und stellt Maria in eine Reihe mit den Heiligen des Alten Testaments: Sie gilt als frei von jeder aktuellen Sünde und repräsentiert das Ideal vollkommener Heiligkeit. Wenn sich in diesem Verständnis von Marias Heiligkeit Überschneidungen zum römisch-katholischen Verständnis zeigen, so wird die 1854 von Papst Pius IX. zum Dogma erhobene Glaubenslehre von der unbefleckten Empfängnis gleichwohl nicht geteilt. Nach orthodoxem Verständnis ist Maria dem Zusammenhang der Erbsünde nicht – und sei es auch durch einen außerordentlichen Gnadenakt – enthoben.[39]

Liturgie und Frömmigkeit

Die theologischen Lehrstücke über Maria fließen in die orthodoxe Liturgie und Frömmigkeit ein, wie diese umgekehrt die Lehrentwicklung beeinflussen. Es ist ein wechselseitiger Prozess, bei dem die Reflexion und die Praxis des Glaubens ineinanderfließen. Orthodoxie ist rechte Lehre und rechter Lobpreis in einem.

In den liturgischen Ordnungen finden sich deshalb in Gestalt eines dogmatisch verdichteten Lobpreises jene Ehrenbezeichnungen wieder, die auch die Theologie der Kirchenväter und die Entscheidungen der Ökumenischen Konzilien über Maria bestimmen. Beispielhaft sei hierfür die Göttliche Liturgie des Hl. Chrysostomus angeführt, die an den meisten Sonntagen im Kirchenjahr gefeiert wird. Hier fordert der Diakon in dem Fürbittgebet im ersten Teil der Liturgie, der sog. Liturgie der Katechumenen, die Gläubigen gleich mehrfach dazu auf: „Unserer hochheiligen, allreinen, hochgelobten, ruhmreichen Herrin, der Gottesgebärerin und immerwährenden Jungfrau Maria und aller Heiligen eingedenk, laßt uns selbst und einander und unser ganzes Leben Christus, unserem Gott, übergeben.“[40]

Unter den zahlreichen hymnischen Dichtungen zur Verehrung Marias nimmt der wahrscheinlich aus dem 6. Jahrhundert stammende sog. Akathisthos-Hymnus (Lobgesang) eine besondere Stellung ein. Sein Name erklärt sich daher, dass er „nicht im Sitzen“, sondern stehend vorgetragen wird. Der Hymnus besteht aus 24 Strophen, die im regelmäßigen Wechsel von zwölf großen und zwölf kleinen Strophen in einer dem griechischen Alphabet folgenden Anordnung (Abecedarium) zunächst die Kindheitsgeschichte Jesu in einer wesentlich dem Matthäus- und Lukasevangelium entlehnten Fassung wiedergeben. Es schließen sich dogmatische Reflexionen zur soteriologischen (Erlösungs-)Bedeutung der Geburt Jesu als ein den gesamten Kosmos veränderndes Ereignis an. Der Grundton ist dabei durch das „Freue dich“ bestimmt, mit dem der Gruß des Engels Gabriel bei der Ankündigung der Geburt Jesu (vgl. Lk 1,26–38) verbunden wird: als der in Gnade gewährten Überwindung des Sündenfalls durch Maria als der neuen Eva. So heißt es in der ersten Strophe:

> „Der Engel-Fürst ward vom Himmel gesandt,
> der Gottesgebärerin zu sagen: ‚Freue dich!‘
> Und als er sah, wie bei seinem leiblosen Gruß
> Du, Herr, einen Leib annahmst,
> erschauerte er, stand still
> und rief ihr diese Worte zu:
> Freue dich, durch dich strahlt auf die Freude.
> Freue dich, durch dich schwindet der Fluch.

Freue dich, des gefallenen Adams Wiederberufung.
Freue dich, der weinenden Eva Erlösung.
Freue dich, Höhe, schwer ersteigbar für menschliche Gedanken.
Freue dich, Tiefe, schwer durchschaubar selbst den Augen der Engel.
Freue dich, denn du bist des Königs Thron.
Freue dich, denn du trägst den Träger des Alls.
Freue dich, Stern, der die Sonne widerspiegelt.
Freue dich, Schoß für die göttliche Fleischwerdung.
Freue dich, durch dich wird jung die Schöpfung.
Freue dich, durch dich wird ein Kind der Schöpfer.
Freue dich, unvermählte Braut!"[41]

Führt der Hymnus vor Augen, dass nach orthodoxem Verständnis Mariologie und Christologie eng miteinander verwoben sind, so zeugt er zugleich von einer gewissen Verselbständigung der Mariologie, die es in der orthodoxen Theologie und Frömmigkeit auch gibt. Das zeigt sich insbesondere in der dem Hymnus nachträglich vorangestellten Strophe, die die Gottesgebärerin als „unbesiegbare Heerführerin" preist, die zur Befreiung „aus allen möglichen Gefahren" angerufen wird.[42] Dabei sind politische (ursprünglich die Belagerung Konstantinopels im Jahre 626) ebenso wie persönliche (Krankheit, Verfolgung etc.) Gefahren im Blick, vor denen die Gottesgebärerin bewahren soll. Der Fürbitte der Gottesmutter wird mehr Wirkung als der aller anderen Heiligen zugeschrieben.

Der Akathistos-Hymnus hat seinen liturgischen Ort am Samstag vor dem 5. Fastensonntag, der deshalb auch „Samstag des Akathistos" oder „Lob an die Heiligste Gottesgebärerin" genannt wird. Ursprünglich wurde er jedoch für das Fest der Verkündigung verfasst, das heute am 25. März – neun Monate vor dem Fest der Geburt Christi – gefeiert wird. Mit diesem Fest verbindet sich ein hervorgehobenes Gedenken an die Gottesmutter, das im Laufe des jeweils am 1. September beginnenden orthodoxen Kirchenjahres auch für die folgenden Feste kennzeichnend ist: am 8. September das Fest der „Geburt der Gottesgebärerin und immerwährenden Jungfrau“, am 21. November das des „Eintritts unserer hochheiligen Herrin in den Tempel“ und am 15. August das der „Entschlafung unserer hochheiligen und ruhmreichen Herrin“. Es gibt weitere Feste, die mit Maria in enger Verbindung stehen, wie das Fest der „Empfängnis der heiligen Anna, der Mutter der Gottesgebärerin“ (9. Dezember) oder auch das Fest der „Begegnung unseres Herrn und Gottes und Erlösers mit Simeon“ (2. Februar). Das ehrende Gedenken der Gottesgebärerin ist darüber hinaus selbstverständlicher Bestandteil der in allen christlichen Konfessionen besonders gefeierten Feste der Geburt Christi, an Karfreitag und Ostern, aber es hat auch seinen festen Ort in den sonntäglichen Gottesdiensten wie im Stundengebet, im Grunde erstreckt es sich über das gesamte Kirchenjahr. Wie Lob und Dank für die in Christus geschehene Erlösung nicht verstummen sollen, so auch nicht das Gedenken an Maria, die Teil dieses Ereignisses ist.[43] Auch liturgisch spiegelt sich so Mariologie als Theotokologie wider.

Tief in der orthodoxen Frömmigkeit ist die Verehrung von Reliquien der Heiligen verwurzelt. Dahinter steht die Vorstellung, dass die Ehre, die den Reliquien als Erinnerungsstücken von Heiligen erwiesen wird, auf die Heiligen selbst übergeht. Eine Anbetung der Reliquien hingegen widerspricht der orthodoxen Glaubenslehre. Von Maria sind keine Körperreliquien überliefert, an ihre Stelle sind jedoch Kleidungsstücke getreten: ihr Gürtel und ihr Gewand. Auch wenn diese bei der Eroberung Konstantinopels durch das osmanische Heer Sultan Mehmeds II. (1444–1446 u. 1451–1481) weitgehend vernichtet worden sein sollen, so genießen sie bis heute eine besondere Verehrung. Am 2. Juli wird das Fest der „Niederlegung des kostbaren Gewandes unserer hochheiligen Herrin, der Gottesgebärerin, in der Blachernenkirche“ und am 31. August das Fest der „Niederlegung des kostbaren Gürtels unserer hochheiligen Herrin, der Gottesgebärerin“ gefeiert. In beiden Festen kommt die außerordentliche Bedeutung der Gottesgebärerin als Schutzpatronin politischer Gemeinwesen wie als Helferin in individuellen Nöten zum Ausdruck. So heißt es in einer im Rahmen beider Feste gesungenen Liedstrophe:

> „Gottesgebärerin, Immerjungfrau, der Menschen Schutz,
> Kleid und Gürtel deines makellosen Leibes hast du als starken Umhang deiner Stadt geschenkt.
> Auf Grund deines Gebärens ohne Samen sind sie unverletzt geblieben;
> denn bei dir wurde die Natur erneuert und auch die Zeit.
> Deshalb flehen wir dich an:
> Frieden schenke deinem Staat
> Und unseren Seelen das große Erbarmen!“[44]

In der Russischen Orthodoxen Kirche hat die mit dem Schutz-Gedanken verbundene Verehrung des Gewandes Marias zur Ausbildung eines eigenen Festes geführt. Es trägt den Titel „*Pokrov*“ (russ. Schutz) und wird unter großer Beteiligung gefeiert. Grundlage des Festgeschehens ist eine auf das 10. Jahrhundert datierte Vision von Maria, die, begleitet von einer großen Anzahl an Heiligen, aus dem Altarraum heraustritt, für die versammelte Gemeinde betet und ihren Schleier über der Gemeinde ausbreitet. In einer eigens für das Fest komponierten Strophe wird entsprechend die Bitte formuliert:

> „Beschirme uns mit deinem kostbaren Schutz
> und befreie uns von allem Übel;
> bitte Christus, deinen Sohn, unseren Gott,
> daß er rette unsere Seelen.“[45]

Ikonographie

Dem Bild kommt im orthodoxen Glaubensleben eine kaum zu überschätzende Bedeutung zu. Es lässt sich nicht auf eine illustrative Funktion reduzieren, sondern steht gleichwertig neben dem Wort der Verkündigung. Es war das 7. Ökumenische Konzil von Nizäa (787), das sich nach heftigen Auseinandersetzungen zwischen Bildverehrern und Bildkritikern dafür entschieden hat, die Verehrung (*proskynesis*) der Bilder, nicht jedoch ihre Anbetung (*latreia*) zuzulassen. Die Verehrung der Bilder soll sich auf das dargestellte Urbild, nicht auf das Bild selbst richten. Als entscheidende Argumente für die Bilderverehrung wurden angeführt, dass durch die Inkarnation Christi das alttestamentliche Bilderverbot aufgehoben und in der Auferstehung die Materie als Medium geheiligt worden ist. Bilder sind seither im orthodoxen Christentum ein zentraler Bestandteil von Liturgie und Frömmigkeit, sie prägen das theologische Denken wie sie umgekehrt als bildliche Darstellung theologischer Vorstellungen zu verstehen („lesen") sind.

Marienikonen sind im orthodoxen Christentum weit verbreitet. Dabei zeigt sich *einerseits* eine Fülle an Motiven. So gibt es Ikonen mit vielfältigen Darstellungen aus dem Leben Marias – ihrer Eltern, ihrer Geburt, ihrer Kindheit, ihres Todes. Dazu gehören auch Ikonen, auf denen Stationen aus dem Leben Christi dargestellt sind: die Ankündigung der Geburt Christi (mit dem Erzengel Gabriel), die Geburt Christi selbst (auch als „Weihnachtsikone" bekannt, die Gottesgebärerin „thront" hier in der Mitte), seiner Kindheit, seiner Kreuzigung, der Beweinung seines Todes, seiner Auferstehung (am leeren Grab) und seiner Himmelfahrt. Durch ihre Größe und Position auf diesen Ikonen fällt Maria sofort ins Auge. Darüber hinaus gibt es Ikonen, die wie die Ikone „Pokrov" einem Fest gewidmet sind, wie die Ikone „Lebensspendende Quelle" eine einzelne theologische Idee oder Hymnen wie den Akathisthos-Hymnus ins Bild setzen. Auch findet sich eine große Anzahl an Ikonen, die Maria als Gottesmutter mit Kind porträtieren. Zu ihrer Unterscheidung sind sie in verschiedene Typen unterteilt, die mit Namen (Hodegetria, Kardiotissa, Nikopoia etc.) gekennzeichnet sind. *Andererseits* gleichen sich die Ikonen in ihrer Darstellung

Marias. Charakteristisch ist ihr wallendes, zumeist purpurnes Ober- und dunkelblaues Untergewand; ihr Kopf ist mit einem Schleier bedeckt; sie hat charakteristische Gesichtszüge. Wie auch bei Christusikonen steht dahinter die Vorstellung, dass bei der Darstellung nicht die künstlerische Phantasie am Werke ist, sondern ein authentisches Bild gezeichnet wird. Dieses Bild wird auf den Evangelisten Lukas zurückgeführt, der der Überlieferung nach zugleich Maler gewesen sein und Maria zu ihren Lebzeiten porträtiert haben soll.

Einzelnen Ikonen wird die Fähigkeit zugesprochen, wundertätig zu sein. Das betrifft die Errettung aus persönlicher Not wie aus politischen Krisen. Im Laufe der Geschichte sind Ikonen auf diese Weise zu nationalen Heiligtümern geworden. Beispielhaft sei hierfür die Ikone der *Gottesmutter von Vladimir* genannt, die ihrerseits auf ein Porträtbild des Evangelisten Lukas zurückgeführt wird, wohl aber aus der kulturellen byzantinischen Blütezeit des 11./12. Jahrhunderts stammt. Von Konstantinopel gelangte sie über die Stadt Vladimir nach Moskau und wurde damit zum Symbol der Verschiebung der politischen Machtzentren. Nach der Oktoberrevolution aus der Uspenskij-Kathedrale im Moskauer Kreml entfernt, wird sie heute in der zur Tretjakov-Galerie gehörenden Museumskirche verehrt.

Dogmatik

In orthodoxen dogmatischen Lehrbüchern findet sich oft kein eigenes Kapitel zur Mariologie. Das unterscheidet sie von dogmatischen Darstellungen in der römisch-katholischen Theologie. Auch wenn es einzelne dogmatische Werke gibt, die der Gottesgebärerin Unterabschnitte widmen, etwa im Kapitel über die Christologie[46] oder über die Ekklesiologie (Lehre von der Kirche),[47] so bleiben diese im Umfang und der theologischen Dichte weit hinter dem zurück, was in hymnischen Texten orthodoxer Tradition über Maria ausgesagt wird. In dieser dogmatischen Behandlung zeigt sich dreierlei: zunächst eine grundsätzliche Zurückhaltung davor, das Geheimnis der Menschwerdung Christi zu stark zu rationalisieren, indem es dogmatisch auf den Begriff gebracht wird. Im orthodoxen Christentum ist man u.a. auch deshalb der auf römisch-katholischer Seite erfolgten Dogmatisierung der unbefleckten Empfängnis (1854) wie auch der leiblichen Aufnahme Mariens in den Himmel (1950) nicht gefolgt. Sodann wird auch hier wieder greifbar, dass nach orthodoxem Verständnis die Mariologie als Theotokologie (Lehre von der Gottesmutter) einen Aspekt der Christologie darstellt. Als solche bedarf sie nicht notwendig einer selbstständigen dogmatischen Entfaltung. Und schließlich findet überschwänglicher Dank, Lobpreis und Fürbitte an Maria als der Gottesgebärerin seinen bevorzugten Ort nicht in der dogmatischen Reflexion, sondern in der praktizierten Verehrung: im Gebet der Kirche wie des Einzelnen, in Liturgie und Frömmigkeit.

Literatur

Karl Christian Felmy, Einführung in die orthodoxe Theologie der Gegenwart, Münster 2011 (= Lehr- und Studienbücher zur Theologie 5), 104–128.

Lothar Heiser, Maria in der Christus-Verkündigung des orthodoxen Kirchenjahres, Trier 1980 (= Sophia 20).

Andreas Müller, Maria in orthodoxer Theologie und Frömmigkeit, in: Quatember 82 (2018), 28–39.

Nikos Nissiotis, Maria in der orthodoxen Theologie, in: Concilium 19 (1983), 613–625.

Hugh Wybrew, Orthodox Feasts of Jesus Christ and the Virgin Mary. Liturgical Texts with Commentary, Crestwood/New York 2000.

Die Kreuzigung. Isenheimer Altar von Matthias Grünewald

5. Warum musste Jesus leiden?

Harald Schöndorf SJ

Inhalt

Eine Schuld vergeben kann sinnvollerweise nur derjenige, der von dieser Schuld getroffen wird. Da Gott uns unsere Schuld vergeben will, in seiner Gottheit aber unverletzlich ist, muss er sich verletzbar machen, um uns unsere Schuld vergeben zu können. Darum wird sein Sohn Mensch und nimmt für uns ein von Menschen verursachtes Leiden samt dem Tod am Kreuz auf sich.

Im „großen" Glaubensbekenntnis bekennen wir von Jesus Christus: „qui propter nos homines et propter nostram salutem descendit de caelis. [...] Crucifixus etiam pro nobis, sub Pontio Pilato; passus et sepultus est [...]" – „Für uns Menschen und zu unserem Heil ist er vom Himmel gekommen [...] Er wurde für uns gekreuzigt unter Pontius Pilatus, hat gelitten und ist begraben worden [...]" Wir bekennen also, dass die Menschwerdung Jesu Christi für uns und zu unserem Heil geschehen ist. Und dies gilt mehr noch für Jesu Leiden und Tod.

Es geht hier also nicht nur um die Aneinanderreihung bestimmter Fakten über das Leben Jesu, sondern darum, dass die Menschwerdung und der Tod des Gottessohnes für uns geschehen sind. Wie lässt sich dies genauer verstehen? Zunächst einmal handelt es sich darum, dass Jesus nicht einfach nur irgendeinen Tod gestorben ist wie jeder andere Mensch auch, sondern dass er auf grausame Weise hingerichtet wurde. Denn die Kreuzigung war unter römischer Herrschaft zur Zeit Jesu die grausamste Todesstrafe, die über jemanden verhängt werden konnte. Aus diesem Grund wird die Kreuzigung im Glaubensbekenntnis ausdrücklich erwähnt. Und eben darum wurde das Kreuz dann später zu dem entscheidenden Zeichen für das Christentum. An sich war die Kreuzigung die massivste Strafe für einen Verbrecher. Sie galt als derart unehrenhaft, dass sie nicht über einen römischen Bürger verhängt werden durfte. Genau diese Strafe nimmt nun aber der Sohn Gottes auf sich. Das Glaubensbekenntnis sagt, dass Jesu Kreuzestod für uns – und das heißt: für alle Menschen – geschehen ist. Wie lässt sich das erklären und verstehen?

Oft wird auf diese Frage als Antwort auf die Situation verwiesen, in der sich Jesus mit seiner Botschaft befand. Jesu Verkündigung entsprach nicht dem, was die führende religiöse und gesellschaftliche Schicht seiner Zeit dachte und erwartete. Er geriet mit seiner Botschaft und seinen Handlungen in Konflikt mit der Mehrheit der Pharisäer, Sadduzäer und Schriftgelehrten. Diese sahen in seinen Worten und Taten eine Gefahr für ihre eigenen Lehren und ihre gesellschaftliche Stellung, weshalb sie einen Grund und eine Möglichkeit suchten, ihn aus dem Weg zu räumen. Dies alles trifft zweifellos zu. Aber wenn dies die einzige Erklärung für Jesu Leiden und Tod wäre, so wäre Jesu Schicksal nur ein Resultat der historischen Situation der damaligen Zeit und somit in keiner Weise ein von Gott gewolltes Geschehen. Es gäbe keine hinreichende Erklärung dafür, dass Jesus mit seinem Schicksal den Willen Gottes tut und seine Sendung erfüllt. Wir müssen also nach einer anderen Erklärung für Jesu Schicksal suchen. Dabei geht es nicht nur um Jesu Tod im Allgemeinen, denn dann wäre sein Tod nichts anderes als das normale Ende eines irdischen Lebens, sondern es geht darum, dass Jesus einen gewaltsamen Tod am Kreuz auf sich genommen hat und dass gerade dieser Tod dem Willen und Heilsplan des Vaters entspricht und so zur Quelle unseres Heils, unserer Erlösung wird.

Warum brauchen wir eine Erlösung, um das Ziel unseres Lebens zu erlangen und nicht zu verfehlen? Wir sind alle sündige Menschen und benötigen deshalb Gottes Vergebung. Selbst wenn jemand der (praktisch immer unzutreffenden) Meinung sein sollte, er selbst sei von jeder Schuld frei, so befindet er sich doch in einem globalen Zusammenhang menschlichen Handelns, der in vielfacher Weise von Schuld mitgeprägt ist. Denn die persönliche Freiheit jedes einzelnen reifen Menschen ist ja keine absolute Freiheit, sondern eine Freiheit innerhalb der konkreten Bedingungen unseres Menschseins. Dabei zeigt sich, dass wir uns nicht nur im Rahmen der positiven Bedingungen bewegen, die andere für uns durch ihr Tun wesentlich geprägt haben, sondern dass wir auch in vielfacher Weise in den Schuldzusammenhang der Menschheit verstrickt sind, was nicht nur der jüdische und christliche Glaube bekennt, sondern was alle großen Erzählungen der menschlichen Kultur bezeugen.

Nun kann aber kein Schuldiger sich selbst die Schuld vergeben, die er auf sich geladen hat. Auf der rein menschlichen Ebene kann nur derjenige vergeben, dem Unrecht angetan wurde. Gott vergibt uns, indem er seinen Sohn Mensch werden und den Kreuzestod auf sich nehmen lässt. Diese Behauptung wirft aber eine Reihe von Fragen auf: Warum ist für die Vergebung unserer Schuld nötig, dass der Sohn Gottes Mensch wird und eines gewaltsamen Todes stirbt? Kann die Vergebung unserer Schuld nicht auf eine einfachere Weise geschehen? Gott benötigt doch keine besonderen Bedingungen, um uns unsere Schuld zu vergeben. Oder verlangt Gott von uns eine Gegenleistung dafür, dass er uns unsere Schuld vergibt? Die Schuld ist nämlich immer etwas Schädigendes und Zerstörerisches und bedeutet darum in ihrer letzten Konsequenz Leiden und Tod. Darum sagt Paulus im Brief an die Gemeinde von Rom: „Der Lohn der Sünde ist der Tod“ (Röm 6,23).

Diese und ähnliche Fragen nach dem Sinn und der Notwendigkeit von Jesu Leiden und Sterben stellen wir Menschen uns nicht erst heute; sie finden sich bereits im Neuen Testament: Die beiden Jünger, die auf dem Weg nach Emmaus sind, beschäftigen sich ebenfalls mit dieser Frage (Lk 24,19–21). Jesu Antwort hierauf beginnt mit einem Verweis auf das Alte Testament: „Musste nicht der Messias all das erleiden, um so in seine Herrlichkeit zu gelangen?“ Und in der Folge erläutert Jesus „ausgehend von Mose und allen Propheten, was in der gesamten Schrift über ihn geschrieben steht“. Den Jüngern von Emmaus erklärt der Auferstandene also, dass der Messias all dies leiden musste, weil dies schon im Alten Testament so vorhergesagt worden war (Lk 24,26 f). Wenn sich Leiden und Tod Jesu als die Erfüllung alttestamentlicher Verheißungen herausstellen, so bedeutet dies, dass Jesu Leiden und Tod nicht nur das Resultat menschlicher Feindschaft und anderer konkreter Umstände der damaligen Situation war, sondern dass dieses Leiden und Sterben dem göttlichen Heilsplan entspricht. Jesus erfüllte auf diese Weise den Plan Gottes zu unserer Erlösung.

Aber hätte unsere Erlösung nicht auch ohne das Leiden und Sterben Jesu erfolgen können? Hierauf geben die biblischen Vorhersagen des Leidens des Messias keine Antwort. Den wohl ersten Versuch einer rationalen Begründung für Jesu Leiden und Tod finden wir bei Anselm von Canterbury (um 1033–1109) in Gestalt der sog. „Satisfaktionstheorie“ (Satisfaktion = Genugtuung). Nach dieser Auffassung ist die Vergebung einer Schuld nur dann möglich, wenn der Schuldige – in diesem Fall also die sündige Menschheit – eine entsprechende Genugtuung in Form einer angemessenen Sühneleistung erbringt. Dabei kann auch ein einzelner stellvertretend für alle anderen ein solches Sühnopfer bringen. Anselm denkt also von rechtlichen Überlegungen her, bei denen es um den Zusammenhang zwischen Schuld, Strafe und Genugtuung geht, und sieht darum im Leiden und Sterben Jesu die rechtlich erforderliche Sühneleistung für die Sünden der Menschheit.

Die Satisfaktionstheorie liefert aber keine befriedigende und zutreffende Erklärung. Denn sie setzt voraus, dass es für ein begangenes Unrecht immer eine angemessene Sühne geben muss und sie kann so aufgefasst werden, als ließe sich aus der angemessenen Sühneleistung des Schuldigen eine Art Rechtsanspruch auf die Vergebung der Schuld ableiten. Nun gibt es aber niemals einen Rechtsanspruch auf die Vergebung einer Schuld, sondern jede Vergebung ist und bleibt immer ein freiwilliger Gnadenakt von Seiten dessen, dem durch die Schuld Unrecht angetan wurde.

Aber auch wenn jede Schuld ihrem Wesen nach eine Weise von Schädigung bis hin zur Zerstörung bedeutet, so gilt doch andererseits ebenso, dass Gott – im Gegensatz zu uns Geschöpfen – in seiner Vollkommenheit keinerlei Schaden nehmen kann. Vielmehr schaden wir durch unsere Sünden unseren Mitmenschen, anderen Geschöpfen und uns selbst. Dies führt aber zu der Frage: Wie kann dann aber Gott all das vergeben, was wir denen angetan haben, denen wir tatsächlich geschadet haben, wenn er selbst davon gar nicht wirklich betroffen ist? Ein Unrecht vergeben kann doch sinnvollerweise nur der, dem durch dieses Unrecht wirklich ein Schaden irgendwelcher Art zugefügt wurde, und nicht ein von diesem Unrecht gar nicht geschädigter und somit gar nicht betroffener Dritter.

Aus diesen Überlegungen ergibt sich: Wenn Gott uns also unsere Sünden vergibt, so muss er auf irgendeine Weise selbst von den negativen Wirkungen unserer Sünde getroffen werden. Er muss durch unsere Sünden irgendeine Art von „Verletzung" erleiden. Wie ist so etwas aber möglich? Denn Gott ist in seiner Göttlichkeit unverletzlich. Also kann er nur verletzt werden, wenn er – unter Beibehaltung seiner Göttlichkeit – zu einem von Natur aus verletzlichen Wesen wird. Denn nur wenn dies der Fall ist, bleibt er Gott und wird doch zugleich durch unsere Sünden wirklich verletzt. Genau dies geschieht durch die Menschwerdung, das Leiden und den Tod des Gottessohnes, denn wir Menschen sind von Natur aus verletzliche Wesen. Der menschgewordene Gottessohn Jesus Christus hat die typischen Formen des durch andere verursachten körperlichen (Geißelung, Kreuzigung ...) und seelischen Leidens (Verspottung, ungerechte Verurteilung ...) bis hin zum Tod freiwillig auf sich genommen.

Auf diese Weise hat Gott in seinem Sohn Jesus Christus die zerstörerische Wirkung unserer Schuld voll auf sich wirken lassen. So ist Gott trotz seiner göttlichen Unverletzlichkeit als Mensch verletzlich geworden und wird somit wirklich von unserer Schuld getroffen. Als ein derart Betroffener kann er auf sinnvolle und glaubwürdige Weise uns unsere Schuld vergeben, durch die wir ihm, den anderen und auch uns selbst Schaden zugefügt haben.

Für eine ausführlichere Darlegung vgl. Harald Schöndorf SJ: Warum musste Jesus leiden? Eine neue Antwort auf eine alte Frage, München 2013.

6. Die Botschaft Jesu vom Reich Gottes

Johannes Herzgsell SJ

Inhalt

Im Zentrum der Botschaft Jesu steht das Reich Gottes. Es geht dabei vor allem um eine künftige Wirklichkeit. Der jetzt noch verborgene Gott wird sich in seiner Herrlichkeit zeigen und die Welt vollenden. Er wird alle benachteiligten Menschen entschädigen und überhaupt alle an seinem himmlischen Freudenmahl teilnehmen lassen.

Mit Jesus hat diese Wirklichkeit aber auch schon sichtbar auf Erden begonnen. Indem er Menschen von allen möglichen körperlichen und seelischen Gebrechen heilt und ihnen alle Fehler und Schwächen verzeiht, unterstreicht er durch Zeichen, was er ihnen predigt: Der barmherzige Gott ist jedem nahe. Vertraut ihm und denkt um, denn er ist nichts als Liebe und will das Beste für euch alle!

Dadurch dass Gott Jesus von den Toten auferweckt hat, hat er seine Botschaft bestätigt. Es gibt ein wunderbares ewiges Reich der Gerechtigkeit, des Friedens und der Liebe. Jeder der liebt, lebt schon jetzt anfanghaft in dieser Wirklichkeit, die für ihn im Tod zur vollen Wirklichkeit wird.

Bevor Jesus in Jerusalem den Kreuzestod fand, zog er zwei bis drei Jahre lang in Begleitung von Jüngern und Jüngerinnen mittel- und heimatlos durch Palästina. Was er dabei gelehrt und getan, gepredigt und gewirkt hat, wissen wir aus den vier Evangelien, die wörtlich „gute Nachricht“ oder „frohe Botschaft“ bedeuten und den Anfang des Neuen Testaments bilden. Zieht man bei ihnen das ab, was frühe Christen nach der Auferstehung Jesu aus ihrem Glauben heraus diesem öffentlichen Wirken Jesu hinzugefügt haben, um ihre christlichen Gemeinschaften zu erbauen und zu ermahnen, lässt sich seine ursprüngliche

Botschaft in Anlehnung an das Jesusbuch[1] von Joachim Gnilka, einem deutschen römisch-katholischen Theologen (1928–2018), wie folgt zusammenfassen.

Im Zentrum des gesamten Redens und Handelns Jesu steht die sogenannte „Gottesherrschaft". Jesus selbst hat immer wieder von der Herrschaft oder dem Reich Gottes gesprochen, wörtlich: von der *Basileia tou theou*, der Königsherrschaft Gottes. Was hat es damit auf sich, wo doch heute viele von uns weder mit einem König etwas anfangen können noch mit einer Herrschaft etwas Positives verbinden können?

Mit der Vision von einer Königsherrschaft Gottes greift Jesus alttestamentliche Vorstellungen auf. Ihnen zufolge wird Gott eines Tages als König die ganze Erde beherrschen und verwandeln (Sach 14,6–10). Er wird „für alle Völker ein Festmahl geben mit den feinsten Speisen, ein Gelage mit erlesenen Weinen", „die Hülle, die alle Völker verhüllt, und die Decke, die alle Nationen bedeckt", entfernen, den Tod für immer verschlingen und „die Tränen von jedem Gesicht abwischen" (Jes 25,6–8). Mit der Hoffnung auf eine königliche Herrschaft Gottes verbindet sich bereits im Alten Testament die Hoffnung auf eine Umgestaltung der Welt und auf ein Leben in immerwährender Freude.

Auch für Jesus ist die Gottesherrschaft, die sich besser mit Reich oder Sphäre Gottes wiedergeben lässt, vor allem eine Realität, die erst noch in der Zukunft kommen wird. Wenn er seine Jünger im Vaterunser bitten lehrt: „dein Reich komme" (Mt 6,10), dann ist nach jüdischer Erwartung dieses Kommen als ein plötzlich eintretendes und allein von Gott verursachtes Ereignis gemeint, bei dem sich Gott in seiner ganzen Herrlichkeit zeigen wird. Dieses Kommen darf aber nicht als ein Kommen von außen missverstanden werden. Als maximal vollkommenes Wesen, als das er gedacht werden muss, ist Gott überall, folglich auch in der Welt. Er ist schon vollständig in der Welt und die Welt vollständig in ihm, weshalb Christen unbefangen sagen konnten, alle würden in ihm leben, sich in ihm bewegen und in ihm sein (vgl. Apg 17,28). Nur können wir Menschen das jetzt für gewöhnlich nicht wahrnehmen. Seine Gegenwart ist für uns verborgen. Wenn Gott die Zeit für gekommen hält, wird er jedoch aus seiner Verborgenheit heraustreten und dadurch die Welt verwandeln. Er wird die Welt vollenden und die Menschheit an ihr Ziel bringen. „Das Reich Gottes als die von der Königsherrschaft Gottes erfüllte Welt ist das ersehnte Ziel, für das der Mensch bestimmt ist“ (Gnilka 144).

Im Blick auf das Kommen Gottes macht Jesus besonders den Armen, d.h. allen in irgendeiner Hinsicht benachteiligten Menschen, Mut: „Selig, ihr Armen, denn euch gehört das Reich Gottes. Selig, die ihr jetzt hungert, denn ihr werdet gesättigt werden. Selig, die ihr jetzt weint, denn ihr werdet lachen“ (Lk 6,20f). Insbesondere die Armen werden vom Erscheinen Gottes profitieren. Gott wird das reale Elend in der Welt aufheben, Ausgleich schaffen und die Armen entschädigen, er wird die jetzigen Besitz-, Macht- und Prestigeverhältnisse umkehren. In diesem Sinne gilt: „Viele Erste werden Letzte sein und die Letzten Erste“ (Mk 10,31). Es wird jedoch niemand vom Wohl ausgeschlossen sein. Jesus selbst verdeutlicht dies, indem er das alttestamentliche Bild vom Freudenmahl mit den feinsten Speisen und erlesenen Weinen für die künftige Gottesherrschaft übernimmt (Lk 22,18). Die verwandelte Erde wird für alle Menschen ein Reich des Friedens und der Gerechtigkeit, der Freiheit und der Liebe, der Freude und des Glücks sein.

Das Reich Gottes liegt für Jesus aber nicht nur in der Zukunft. Es bahnt sich schon an. Es ist schon erfahrbar gegenwärtig, wenn auch auf vorläufige Weise. Als Jesus gegenüber Kritikern, die ihm vorwerfen, die Dämonen mithilfe Satans auszutreiben, klarstellt, sie nicht mithilfe Satans, sondern mithilfe Gottes zu verjagen, erklärt er zugleich, was das bedeutet: „Wenn ich aber die Dämonen durch den Finger Gottes austreibe, dann ist das Reich Gottes schon zu euch gekommen“ (Lk 11,20). Dieses Reich ist auf Erden schon da, und das hat offensichtlich etwas mit der Person Jesu selbst zu tun, denn er ist es ja, der durch den „Finger Gottes“ oder, wie der Evangelist Matthäus (12,28) richtig auslegt, durch den „Geist Gottes“ Menschen von ihren zerstörerischen Dämonen befreit. Nicht, dass der Geist Gottes, den später Christen den Heiligen Geist nennen, nicht schon vor Jesus in der Welt und unter den Menschen gewirkt hätte. Aber in Jesus wirkt er nun auf besonders heilsame und befreiende Weise. Jesus ist der alttestamentlich angekündigte Messias (= Christus = der [von Gott] Gesalbte), der vollkommen von Gottes Geist erfüllt ist und durch den das Reich Gottes im eigentlichen Sinn beginnt.

In einer Reihe von kleinen Erzählungen, den „Gleichnissen“, führt Jesus von der bekannten Sinnen- und Lebenswelt zur noch unbekannten Gotteswelt hin. Im Gleichnis vom Sämann (Mk 4,3–8) vergleicht er sein eigenes Wirken mit einem Mann, der hinausgeht, um zu säen. Obwohl viel Saat verloren geht und er die Erfahrung von Erfolglosigkeit macht, ist eine reiche Ernte zu erwarten: ein Teil der Saat wird dreißigfach, sechzigfach und hundertfach Frucht bringen. Jesus vertraut darauf, dass Gott selbst durch seinen Geist für die Ausbreitung seiner Sphäre sorgen wird. Die Saat, die Jesus sät, wächst gewissermaßen wie von selbst (Mk 4,26–28), weshalb die Jünger auch nicht voreilig in den Vorgang des Wachstums eingreifen sollen, indem sie etwa versuchen, das Unkraut unter dem Weizen auszureißen. Sie sollen nicht versuchen, äußere oder innere Feinde Gottes zu vernichten, weil sonst der Schaden noch viel größer wird. Es ist wichtiger, das Gute zu fördern als das Böse zu bekämpfen.

Trotz seiner unscheinbaren Anfänge wird am Ende das Reich Gottes alles durchdringen und übertreffen. Aus winzig Kleinem wird Allergrößtes, wie Jesus im Gleichnis vom Senfkorn, das größer wird als alle anderen Gewächse (Mk 4,30–32), und von der kleinen Menge Sauerteig, die das Ganze durchsäuert (Lk 13,18–21), veranschaulicht. Im Reich Gottes steckt wie in einem Samen eine nicht einzudämmende Dynamik, die bereits die Vollendung verbürgt. Die Wachstumsgleichnisse Jesu haben aber „nicht die Kirche im Blick oder gar ihre beständige Ausbreitung“ (Gnilka 148), sondern zielen in erster Linie auf den einzelnen Menschen ab. Ihn fordert Jesus zur Stellungnahme und zur Entscheidung heraus. Wer sich auf die Wirklichkeit Gottes in dieser Welt entschieden einlässt, ist für ihn wie ein Tagelöhner, der in einem Acker einen vergrabenen Schatz entdeckt, in seiner Freude hingeht, alles verkauft, was er besitzt, und den Acker kauft (Mt 13,44–46). Es gilt, das Gottesreich als das große Geschenk Gottes in seinem alles andere übersteigenden Mehrwert zu erfassen und, wie Jesus sagt, „an sich zu reißen“ (Mt 11,12). Menschen können es dadurch auf Erden verwirklichen, dass sie dem Geist Gottes in ihrem Leben Raum geben und entsprechend handeln. Jesus selbst gewährleistet seinen endgültigen Sieg, wie sich nach seinem Tod zeigen wird.

In anderen Gleichnissen charakterisiert Jesus Gott selbst und die Art und Weise, wie er handelt.

Im Gleichnis vom unbarmherzigen Knecht erlässt ein König einem seiner Knechte eine riesige Schuld, wohingegen dieser nicht bereit ist, einem seiner Mitknechte eine unvergleichlich geringere Schuld nachzulassen, weshalb ihn der König am Ende fragt: „Hättest nicht auch du mit deinem Mitknecht Erbarmen haben müssen, so wie ich mit dir Erbarmen hatte?“ (Mt 18,33). Entscheidend ist im Gleichnis nicht die himmelschreiende Skrupellosigkeit oder Brutalität des Schuldners, sondern die unfassliche, alle Kategorien normalen menschlichen Verhaltens sprengende Güte des Königs.

Im Gleichnis vom barmherzigen Vater oder verlorenen Sohn geht es um einen Vater, der seinem jüngeren Sohn, als er sein ausbezahltes Vermögen im Ausland verschleudert hat und reumütig zurückkehrt, entgegeneilt, um den Hals fällt und verzeiht. Seinen älteren Sohn, der immer bei ihm geblieben ist und nun neidisch ist, hält er an, ein Fest zu feiern und sich zu freuen: „denn dieser, dein Bruder, war tot und lebt wieder; er war verloren und ist wiedergefunden worden“ (Lk 15,32). Im Reich Gottes wird allen alles vergeben sein, werden alle ganz und gar lebendig sein. Gott ist, wie aus dem Gleichnis von den Arbeitern im Weinberg hervorgeht, gut zu allen Menschen und gibt allen so reichlich, dass niemand Grund hat, sich zu beschweren (Mt 20,1–15).

Jesus will mit diesen Gleichnissen auf die grenzenlose Güte, Barmherzigkeit und Vergebungsbereitschaft Gottes hinweisen. Diese Güte, von der er erzählt, soll bei den Hörerinnen und Hörern eine neue Denkweise herbeiführen und sie persönlich verändern, sodass sie selbst nach und nach gütig, barmherzig und vergebungsbereit werden.

Nur in dem Maß, in dem Menschen selbst die barmherzige Liebe Gottes erfahren – sei es indirekt über andere Menschen sei es direkt von Gott –, können sie auch selbst lieben und barmherzig sein. Jesus war der Mensch, der im höchsten Maße lieben konnte und liebte, weil er auf einmalig höchste Weise die Liebe Gottes erlebt und erfahren hat, und dies wiederum, weil er auf einzigartige Weise mit Gott, den er speziell seinen Vater nannte (Mt 18,19), verbunden war. Er hat nicht nur über die Güte Gottes geredet, er hat so aus ihr gelebt und sie so vorgelebt, dass die Menschen, die ihm begegnet sind, sie auf einmalige Weise durch ihn erleben und erfahren konnten.

Es fällt auf, wie Jesus mit Sündern umgeht, mit Menschen also, die nach jüdischen Maßstäben eindeutig von Gott getrennt sind. So geht er etwa zu den verachteten Zöllnern (Lk 19,1–10), die von ihren Mitjuden die römischen Steuern erhoben haben, stellt sie als vor Gott Gerechte dar (Lk 18,9–14), isst gemeinsam mit ihnen und macht einen von ihnen zu seinem Jünger (Mk 2,13–17). Als ihm das besonders fromme Juden, nämlich Pharisäer und Schriftgelehrte, vorwerfen, antwortet er: „Nicht die Gesunden bedürfen des Arztes, sondern die Kranken“ (Mk 2,17). Dieses Wort zeigt seine ganze Zuwendung zu den Hilfsbedürftigen, den Verachteten, den Außenseitern. Indem er sich mit Zöllnern, Prostituierten (vgl. Lk 7,36) und anderen als Sünder und Sünderinnen verschrienen Menschen zu Tisch setzt und mit ihnen Mahl hält, vermittelt er ihnen die

Vergebung aller Sünden und die Annahme durch Gott, stiftet unter ihnen Gemeinschaft und nimmt prophetisch-symbolisch jenes künftige große Festmahl im Reich Gottes vorweg, zu dem alle geladen sind (vgl. Lk 14,16–23).

Als ihm eine auf frischer Tat ertappte Ehebrecherin vorgeführt wird, verurteilt Jesus sie nicht und bewahrt sie dadurch vor der Steinigung (Joh 8,3–11). Voller Verständnis und Erbarmen tritt er für die ausgestoßene Sünderin ein und brüskiert die Vertreter einer engen religiösen Gesinnung. Einem Gelähmten spricht Jesus direkt die Vergebung seiner Sünden durch Gott zu: „Kind, deine Sünden werden vergeben" (Mk 2,5). So schenkt er durch Wort und Tat die verzeihende Liebe Gottes weiter.

Jesus macht die Gottesherrschaft erfahrbar, indem er die Menschen so annimmt, wie sie sind, und sie in seine Gemeinschaft aufnimmt. In unnachahmlicher Weise wendet er sich einzelnen Menschen zu und lässt sich auf sie ein. Besonders die Armen, zu denen auch die Kranken und die „Besessenen" gehören, haben es ihm angetan. Ihretwegen setzt er sich über geltende soziale und religiöse Grenzen hinweg und stellt so ihr verlorenes Selbstvertrauen wieder her. So manchen von ihnen hilft er auf spektakuläre Weise. Er heilt Blinde, Taubstumme, „Gelähmte", d.h. Menschen, die an erheblichen Bewegungsstörungen leiden, „Aussätzige", d.h. Menschen, die von verschiedenen bösartigen und nicht bösartigen Hautkrankheiten befallen sind, aber auch beispielsweise an Fieber Erkrankte oder Epileptiker. Und er treibt „Dämonen" aus.

In weiten Teilen der antiken Welt sieht man Dämonen als Ursache sowohl seelischer als auch körperlicher Krankheiten an. Es gibt die krasse Vorstellung, dass in Nerven- und Geisteskranken, aber auch in Stummen, Verkrümmten oder Epileptikern ein Dämon oder auch mehrere Dämonen „einhausen, in ihm Wohnung nehmen, von ihm vollständig Besitz ergreifen können. Der ‚Dämonische' ist dann nicht mehr Herr seiner selbst, sondern erscheint als nahezu willenloses Werkzeug des ihn beherrschenden Geistes“ (Gnilka 125). Jesus befreit Menschen aus ihrer außerordentlich bedrückenden Lage, aus der sie sich selbst nicht befreien können. Seine Heilungen und Dämonenaustreibungen sind Zeichen des Reiches Gottes. Gott will, dass jeder Mensch schlussendlich völlig gesund wird. Nicht wenige Menschen bedürfen in der einen oder anderen Form der Heilung, besonders der inneren, und des Ganzwerdens. Jesus wirkt als Heiler und Arzt und weist damit auf einen wesentlichen Aspekt in der Wirklichkeit Gottes hin: auf Heilung und Genesung. Gott wird alle Menschen heilen und von dem befreien, was sie daran hindert, vollkommen sie selbst zu sein und in voller Gemeinschaft mit den anderen Menschen zu leben.

Zur damaligen Zeit gilt Satan als Anführer der Dämonen. Wenn Jesus Dämonen austreibt, überwältigt er damit Satan und erweist sich als der Stärkere (Mk 3,27). Dessen Herrschaft muss dem Einflussbereich Gottes auf Erden weichen. Jesus ist optimistisch und siegesgewiss, dass der Kampf im Grunde bereits entschieden ist, wie ein anderes Wort von ihm bestätigt: „Ich sah den Satan wie einen Blitz aus dem Himmel fallen“ (Lk 10,18). Satan darf hier als Inbegriff des Bösen in der Welt verstanden werden, gleichgültig, ob man sich nun vorstellt, das Böse sei letztlich durch gefallene Engel, durch Unbewusstes im Menschen oder durch die moralisch ambivalente Natur des Menschen verursacht. Im künftigen Gottesreich werden alle zerstörerischen und lebensfeindlichen Mächte, die die Welt gegenwärtig noch zu beherrschen scheinen, endgültig besiegt und vollständig überwunden sein. Die Welt wird ausschließlich gut sein.

In Worten und Taten macht Jesus deutlich, dass Gott – wenn auch noch weitgehend verborgen – bereits da ist. Seine Botschaft lautet im Kern: „Die Zeit ist erfüllt, das Reich Gottes ist nahe, kehrt um!“ (Mk 1,15). Mit dem Umkehren ist ein radikales Umdenken, ein Gesinnungs- und Einstellungswandel gemeint. Der Mensch soll die Zeichen des Wirkens Gottes in seinem eigenen Leben und in der Welt wahrnehmen und ihm gemäß handeln. Wie er sich verhalten soll, konkretisiert Jesus in mehreren sittlichen Geboten.

Im Verhältnis zu Besitz und Reichtum verlangt Jesus eine einschneidende Korrektur. Zwar sieht er in ihnen nichts an sich Verwerfliches und verlangt auch nicht, grundsätzlich auf sie zu verzichten. Aber er warnt eindringlich vor ihren Gefahren. Der Mensch kann sich in sie verstricken und den eigentlichen Sinn seines Lebens verfehlen. Mit dem Wort: „Wie schwer ist es für Menschen, die viel besitzen, in das Reich Gottes zu kommen!" (Mk 10,25) will er wachrütteln. Man kann nicht Gott und zugleich dem Mammon dienen (Lk 16,13). Wem es in seinem Leben nur um Geld, Profit, Reichtum, Karriere, Macht oder Ansehen geht, treibt Götzendienst und ist ein Egoist. Nicht nur bei der Begegnung mit einem reichen Jüngling (Lk 18,22), auch im Gleichnis vom reichen Prasser und armen Lazarus (Lk 16,19–31) weist Jesus auf die soziale Verantwortung der Besitzenden hin und malt darin die jenseitige Kompensation von Reichtum und Armut aus. Im Sinn des Reiches Gottes sollen sich Menschen vorrangig um Arme kümmern (vgl. Mt 25,35–37).

Auch vor Machtmissbrauch und Machtausdehnung warnt Jesus in einem Wort, das sich an Klarheit und Knappheit nicht überbieten lässt: „Ihr wisst, dass die, die als Herrscher über die Völker gelten, mit Gewalt über sie herrschen und die Mächtigen unter ihnen ihre Macht über die Menschen misbrauchen" (Mk 10,42). Bei den Jüngern soll es nicht so sein. Sie sollen einander nicht beherrschen, unterdrücken und ausbeuten, sondern einander dienen und so eine Kontrastgemeinschaft bilden. Die Ankunft Gottes wird „jeder irdischen Herrschaft und damit auch jeder Unterdrückung und jedem Machtmissbrauch ein Ende setzen" (Gnilka 239).

Für Jesus ist das sittliche Hauptgebot und die Summe der Ethik zweifellos das Doppelgebot der Liebe. Auf die Frage nach dem ersten Gebot antwortet er: Gott ist der einzige Herr.

„Darum sollst du den Herrn, deinen Gott, lieben mit ganzem Herzen und ganzer Seele, mit deinem ganzen Denken und mit deiner ganzen Kraft. Als zweites kommt hinzu: Du sollst deinen Nächsten lieben wie dich selbst. Kein anderes Gebot ist größer als diese beiden" (Mk 12,30–34). Die Liebe zum Nächsten geht dabei über die eigenen Verwandten und Freunde, Nachbarn und Kollegen weit hinaus. Sie schließt den Fremden und in Not Geratenen (Lk 10,30–37), alle Hilfsbedürftigen (Mt 25,35f), ja sogar den eigenen Feind und Gegner und somit tendenziell alle Menschen ein. Das Gebot der Feindesliebe begründet Jesus damit, dass Gott zu allen Menschen, auch den Undankbaren und Bösen, gut ist (Mt 5,44f). Der Jünger Jesu soll dem Feind, der ihm Böses antut, nicht einmal Widerstand leisten. Er soll gegebenenfalls auf sein Recht verzichten, ihm entgegenkommen und sich ihm ausliefern. Wörtlich sagt Jesus: „Leistet dem, der euch etwas Böses antut, keinen Widerstand, sondern wenn dich einer auf die rechte Wange schlägt, dann halt ihm auch die andere hin!" (Mt 5,39). Er wirbt hier für Gewaltlosigkeit. „Gewalt soll nicht mit Gegengewalt beantwortet werden, sondern mit Nachgeben. Dieses Nachgeben ist nicht Schwäche, sondern der Versuch, das Böse durch das Gute zu überwinden" (Gnilka 233). Jesus selbst hat diese Gewaltlosigkeit gelebt und sich am Ende seines Lebens in Treue zu Gott und seinem Reich seinen Gegnern ausgeliefert. An seinem Leben lässt sich am besten ablesen, wie er seine Botschaft aufgefasst wissen wollte.

Wenn einer auf dem Weg zum Gottesdienst ist und ihm einfällt, dass sein Bruder etwas gegen ihn hat, soll er umkehren und sich mit seinem Bruder versöhnen, mahnt Jesus (Mt 5,23f). Solange der Mensch in diesem Leben unterwegs ist, soll er sich um Versöhnung mit den Mitmenschen bemühen, die er verletzt hat oder die ihn verletzt haben, denen er Unrecht getan hat oder die ihm Unrecht getan haben. Wenn das Verhältnis zum Mitmenschen nicht in Ordnung ist, ist auch das Verhältnis zu Gott nicht in Ordnung. Alles in allem soll der Mensch laut

Jesus so barmherzig sein wie Gott selbst: „Seid barmherzig, wie auch euer Vater barmherzig ist“ (Lk 6,36).

Von denen, die ihm nachfolgen, erwartet Jesus äußerste Radikalität und Entschiedenheit. Wenn Besitz, welcher Art auch immer, jemanden zum Bösen verleitet und vom Reich Gottes abhält, soll er sich mit Gewalt davon trennen (vgl. Mt 18,8f). Wer nicht sein Kreuz auf sich nimmt und bereit ist, Schweres zu tragen und zu ertragen, kann von vornherein nicht sein Jünger sein (Mt 10,38). Denn wer sein Leben retten will, wird es verlieren, wer es verliert, wird es retten (Mk 8,35). Um wahres Leben zu gewinnen, ist es nötig, falsches Leben aufzugeben.

Mit diesen radikalen sittlichen Forderungen überfordert Jesus seine Jünger absichtlich. Niemand kann diese Gebote aus eigener Kraft erfüllen. Nur Gott selbst kann ihre Erfüllung im Menschen bewirken. Nur er kann durch seinen Geist den Menschen so umwandeln, dass er sich diesen Idealen allmählich annähern kann. Deshalb besteht die letzte und wichtigste sittliche Forderung Jesu darin, sich Gott zu öffnen, anzuvertrauen und zu überlassen, um ihn in sich wirken und an sich arbeiten zu lassen. Jesus führt das am Bittgebet aus. Seine Jünger sollen darin nicht nachlassen. Voller Vertrauen und mit einer gewissen Zudringlichkeit sollen sie Gott bitten und sich auf seine Zusage verlassen: „Und alles, was ihr im Gebet erbittet, werdet ihr erhalten, wenn ihr glaubt“ (Mt 21,22).

Ein Thema, das Jesus immer wieder anschneidet, ist das Gericht. Im Zusammenhang mit dem Gottesreich kündigt er jüdischer Tradition entsprechend das Gericht Gottes an. „Vom Gerichtsgedanken empfängt die Gottesherrschaft den Ernst, die letzte Verbindlichkeit, das Bedrängende“ (Gnilka 157). Jesus vergleicht das Leben mit einem Gang zum Richter, der einen am Ende ins Gefängnis werfen kann, und fügt hinzu: „Amen ich sage dir: Du kommst von dort nicht heraus, bis du den letzten Pfennig bezahlt hast“ (Mt 5,26). Im Gericht wird der Mensch seine Schulden begleichen müssen. Deshalb ist es klug von ihm, sich seinen Mitmenschen gegenüber großzügig zu verhalten, wie das Gleichnis vom treulosen Verwalter nahelegt. (Lk 16,1–18). Wie ein Verwalter vor seinem Herrn muss sich der Mensch vor seinem Gott verantworten. Deshalb soll er in seinem Leben mit den ihm von Gott anvertrauten Fähigkeiten und Kräften im Sinne des Gottesreiches gewinnbringend wirtschaften, ja wuchern (Lk 19,12–27).

Auch wenn die Weltvollendung noch auf sich warten lässt, ereignen sich für den einzelnen Menschen Gottes Kommen und Gericht spätestens in seinem Tod, durch den er völlig in Gott eingeht und die Wahrheit über Gott und sich erkennt. Die dann noch ausstehende Umwandlung von einem egoistischen zu einem vollkommen liebenden Menschen durch die unmittelbare Begegnung mit Gott kann sehr schmerzhaft sein, ist aber nur ein Übergang und eine letzte Vorbereitung auf das Reich Gottes. Wenn Jesus – selten genug – von der Hölle (Gehenna) spricht (Mk 9,43.45.47), denkt er an den Schmerz der Verwandlung, nicht aber an eine ewige Höllenqual und Höllenstrafe, droht er doch dem Menschen schon das Feuer der Hölle an, wenn er nur zu seinem Bruder „Du Narr!“ sagt (Mt 5,22).

Mit seiner Gerichtspredigt ermahnt Jesus die Menschen, die kurze Zeit ihres Lebens zu nutzen und sich auf das nahe Gottesreich einzustellen. Er warnt eindringlich davor, nichtigen Zielen nachzujagen und die Zeit sinnlos zu vergeuden. Jeder Mensch hat nur das eine irdische Leben, in dem er innerhalb eines gewissen Freiheitsspielraums bestimmt, welche innere Qualität sein Leben hat, in welcher Richtung er die Welt beeinflusst und wer er selbst – schließlich auch vor Gott – ist. Obwohl Jesu Botschaft so begriffen ernst und drängend ist, bleibt sie Frohbotschaft. Denn alle, wirklich alle sind zum ewigen Festmahl im Reich Gottes geladen.

Aber klingt diese Botschaft nicht wie eine der Utopien vom Paradies der Menschheit, wie man sie aus der Geschichte kennt und wie sie geschichtlich gescheitert sind? Wodurch unterscheidet sie sich von unrealistischen Ideologien?

Wenige Tage nach seinem Tod am Kreuz ist Jesus als Auferstandener Jüngerinnen und Jüngern erschienen. Gott hat ihn von den Toten auferweckt und damit seine Person und seine Botschaft bestätigt. Jesus war und ist von daher glaubwürdig. Seine Jünger sind durch seine Erscheinungen zum Glauben gekommen, dass er auferstanden ist und dass er der Messias und der Gottessohn ist. Während Jesus die Gottesherrschaft verkündet hat, verkünden Christen nun ihn als auferstandenen Christus. Mit dem Glauben an seine Auferweckung von den Toten steigt und fällt das ganze Christentum. Denn nur wenn er auferstanden ist, werden alle Menschen von den Toten auferstehen und wird es ein künftiges Gottesreich geben.

Das gläubige Vertrauen, und nicht die Moral bildet daher den Kern der christlichen Botschaft. Je mehr sich Christen in das Geheimnis der Auferstehung Jesu Christi und der Sphäre Gottes in der Welt vertiefen, desto glaubwürdiger und sittlich besser werden sie freilich leben. Sie können das, indem sie sich von der Bibel inspirieren lassen, miteinander Gottesdienst feiern und im Gebet die persönliche Beziehung zu Gott suchen und pflegen. Aber auch alle Nichtchristen können durch die Mittel, die ihnen ihre Religionen bieten, etwa durch das Studium ihrer heiligen Schriften oder durch Meditation, der Sphäre Gottes auf die Spur kommen, in sie eintauchen und immer mehr in sie hineinwachsen. Alle Menschen, auch religiös Nichtglaubende, können in der Natur, in der Kunst oder in ihrem eigenen Inneren etwas von der Wirklichkeit Gottes entdecken und erfahren und zu seinem Reich in der Welt beitragen, indem sie ihrem Gewissen folgen und auf das hören, was ihnen der Geist Gottes, der überall weht, eingibt. Das Gottesreich wird auf Erden vor allem dadurch verwirklicht, dass Menschen lieben. Da Gott selbst Liebe ist (1 Joh 4,8.16), ist die Liebe die universale Währung in seinem Reich und der letzte Maßstab des Menschen. Wo immer Menschen lieben, leben sie bereits in der Sphäre Gottes.

7. Die Kirche Jesu Christi in ihren zentralen Sakramenten: Taufe und Eucharistie

a) *Taufe und Eucharistie in der evangelischen Kirche*

Wolfgang Neuser

Inhalt

In der Taufe und der Feier des Abendmahls (Eucharistie) *hören* Christen nicht nur den Zuspruch des Evangeliums, sondern sie *erleben* ihn leibhaftig mit allen Sinnen. Wie sich in diesem „sichtbaren Wort" die Gnade Gottes vermittelt, bleibt ein Geheimnis.
Die Taufe im Namen des dreieinigen Gottes verbindet den Menschen mit ihm und mit den anderen Getauften. Wie ein Grundstück auf den Namen seines Eigentümers läuft, so „laufen" Christen auf den Namen Christi.
Die Einsetzungsworte Jesu beim letzten Mahl mit seinen Jüngern „Dies ist mein Leib, dies ist mein Blut" versteht Luther ganz real. Er betont das „*ist*", während die evangelisch-reformierte Kirche darin „nur" ein Zeichen sieht, das an Jesu Tod erinnert. Wie das Siegel unter einem Dokument, bestätigt das Abendmahl das Geschenk der Vergebung und Gemeinschaft.

Taufe und Abendmahl – was tut die Kirche Jesu Christi[1] da eigentlich?

In den Sakramenten wird die Kirche als Leib Christi anschaulich und be-greif-bar. *Sakrament* kann man mit „Heilsmittel" oder „Heilszeichen" übersetzen. In ihnen *geschieht* die Gnade Gottes nicht nur als trockenes Wort der Verkündigung, sondern in einer sakralen (heiligen – zu Gott gehörigen) Handlung sichtbar und leibhaft spürbar. Wie Gott in, mit und unter diesen Zeichen wirkt, bleibt geheimnisvoll, was auch in dem Begriff steckt, denn *sacramentum* ist die lateinische Übersetzung des griechischen *mysterion* (Geheimnis). Sehr schön fasst der Heidelberger Katechismus (christlicher Unterricht) von 1563 in Frage 66 zusammen, was Sakramente sind:

„Diese sichtbaren heiligen Wahrzeichen und Siegel hat Gott eingesetzt. Er will uns durch ihren Gebrauch die Verheißung des Evangeliums noch besser verständlich machen und versiegeln, dass er uns wegen des einmaligen Opfers Christi am Kreuz Vergebung der Sünden und ewiges Leben aus Gnaden schenkt."

Darin klingt an, dass sich die Sakramente in der evangelischen Kirche auf Taufe und Abendmahl (Eucharistie) beschränken, während in der römisch-katholischen Kirche zudem Firmung, Buße, Krankensalbung, Priesterweihe und Ehe als Sakramente gelten. Aber auch innerhalb der evangelischen Kirche sind die Verständnisunterschiede zwischen Lutheranern und Reformierten nochmals gravierend.

Am Verhältnis von Wort und Sakrament beispielsweise lässt sich die unterschiedliche Gewichtung der Sakramente in den christlichen Kirchen ablesen. In der römisch-katholischen Kirche hat das Sakrament ein so hohes Gewicht, dass nur eine Messe (Eucharistiefeier) als vollwertiger Gottesdienst gilt. Nach lutherischem Verständnis sind Wort und Sakrament gleichrangige Heilsmittel, und Reformierte ordnen die Sakramente dem Wort eher unter – als bestätigendes Siegel auf dem Brief Gottes, der Predigt.

Wie kam es zu den Verständnisunterschieden zwischen Lutheranern und Reformierten?

Eine entscheidende Ursache liegt im unterschiedlichen Ausgangspunkt der Reformatoren. Während Martin Luther als früherer Mönch und Priester von der katholischen Tradition ausging und diese an der Bibel überprüfte, fragten die Schweizer

Reformatoren Ulrich Zwingli und Johannes Calvin, aus deren Wirken in Zürich und Genf die reformierte Kirche hervorging, nicht nach der kirchlichen, sondern nur nach der biblischen Lehre. Calvin hatte zunächst ein Jurastudium abgeschlossen und nach dem anschließenden Theologiestudium die Priesterweihe abgelehnt, sodass die Tradition für ihn im Gegensatz zu Luther kein Maßstab war. Luther strich also aus der katholischen Lehre das, was nach seiner Ansicht nicht mit der Bibel übereinstimmte – die anderen Sakramente fand er in der Bibel nicht begründet. Zwingli und Calvin fanden im Neuen Testament sehr wohl den Taufbefehl (Mt 28,18-20) und die Einsetzung des Abendmals (Mt 26,26–28 par.; 1 Kor 11,23–26), aber ebenfalls keine Beauftragung zu anderen sakramentalen Handlungen.

Diese unterschiedliche Herangehensweise an die vorgefundene kirchliche Praxis in der Reformationszeit zeigt sich übrigens unter anderem in der Ausstattung der Kirchenräume. In lutherischen Kirchen sind nur die Seitenaltäre mit den Heiligenbildern entfernt worden, nicht aber bildliche Darstellungen biblischer Szenen und sonstige künstlerische Ausstattung. Die Reformierten haben dagegen gemäß dem Bilderverbot aus dem Dekalog (2 Mose 20,4) alle Bilder aus ihren Gottesdiensträumen verbannt. Einziger Schmuck soll die aufgeschlagene Bibel auf dem Tisch sein, der auch nicht mehr Altar heißt, weil im christlichen Gottesdienst angesichts des einmaligen Opfers Christi kein Opfer mehr vollzogen wird.

Warum überhaupt Taufe?

Als Geburtsstunde der Kirche gilt die Ausgießung des Heiligen Geistes auf die Jünger an Pfingsten (Apg 2). Als Petrus daraufhin den umstehenden Menschen aus aller Herren Länder das Evangelium von Jesus, dem gekreuzigten und auferstandenen Christus verkündigte, „ging‘s ihnen durchs Herz“ und sie fragten: „Was sollen wir tun?“ Petrus antwortete ihnen: „Tut Buße und jeder von euch lasse sich taufen auf den Namen Jesu Christi zur Vergebung eurer Sünden, so werdet ihr die Gabe des Heiligen Geistes empfangen.“ (Apg 2,38) Und die „sein Wort annahmen, ließen sich taufen“ (Apg 2,41).

Getauft wird erst nach Pfingsten; Jesus und die Jünger haben nicht getauft. Im Johannesevangelium wird zwar an zwei Stellen gesagt, dass Jesus getauft habe, das wird aber in Kap 4,2 schon wieder zurückgenommen. Taufen war allerdings keine gänzlich neue Erfindung der Christen. Im Judentum zur Zeit Jesu gab es einige kultische Handlungen, aus denen Elemente in der christlichen Taufe wieder auftauchen. Mit kultischen Waschungen wurden Sünden abgewaschen, in der Mysterientaufe ist von Wiedergeburt die Rede und die Proselytentaufe (Aufnahme von Nichtjuden) ähnelt sehr stark der christlichen Taufe. Schließlich und vor allem ist die Taufpraxis Johannes des Täufers zu nennen; sie weist die meisten Parallelen zur christlichen Taufe auf: Der Wille zur Umkehr ging ihr voraus; das Untertauchen im Wasser symbolisierte das Abwaschen der Sünde, und als Jesus bei seiner Taufe durch Johannes aus dem Wasser stieg, sah er „den Geist Gottes wie eine Taube herabfahren und über sich kommen.“ (Mt 3,16).

In der Anfangszeit der Kirche wurde nur auf den Namen Jesu Christi getauft. Wie ein Grundstück auf den Namen des Eigentümers läuft, war damit die Zugehörigkeit zu Christus besiegelt. Aber die Tatsache, dass die christliche Taufe nicht einfach ein Abklatsch der damals bekannten Taufriten war und eben sofort und überall vollzogen wurde, lässt den Rückschluss zu, dass eigentlich nur der Auferstandene einen derartigen Auftrag gegeben haben kann – auch wenn sich historisch nicht nachweisen lässt, dass Jesus den Missions- und Taufbefehl so ausgesprochen hat. Vielleicht hat der Evangelist Matthäus auch nur den bereits bestehenden Taufbefehl zur dreigliedrigen Formel erweitert. Wie dem auch sei, die Fakten genügen, um auch heute das Taufen als den Auftrag Jesu wahrzunehmen.

Worum geht es in der Taufe?

a) Vergebung der Sünden
b) Begabung mit dem Heiligen Geist
c) Eingliederung in den Leib Christi

Dass auf den Namen Jesu Christi getauft wurde und dass nun in seinem Tod und seiner Auferstehung die Gaben der Taufe gründen, das ist das ganz Neue der christlichen Taufe gegenüber ihren Vorformen. Die Frage ist nun, wie die Taufaussagen des Neuen Testaments zu verstehen sind. Wäscht die Taufe die Sünde ab und wird in ihr der Heilige Geist gegeben, oder ist sie nur ein Zeichen für etwas, das auch ohne sie geschehen kann?

Wer handelt in der Taufe?

Gott handelt, nicht der Mensch, weder Täufling, PfarrerIn, Eltern oder Paten. Der/die PfarrerIn führt nur aus, was eigentlich Gottes Handeln ist. Der Täufling verhält sich passiv, er empfängt die Taufe. Ihm wird auf sichtbare Weise zugesprochen, dass Gott an ihm interessiert ist, ihm seine Sünden vergibt und den Heiligen Geist schenkt. Das neue Gemeindeglied wird auf den Namen des Vaters, des Sohnes und des Heiligen Geistes getauft; es wird gewissermaßen mit dem Namen Christi gestempelt, wie die Geburtsurkunde durch Siegel und Unterschrift amtlich ist. Insofern ist die Taufe auch Namensgebung, aber im Gegensatz zur Schiffstaufe dient der bürgerliche Name des Täuflings nur der Bezeichnung des Menschen. Das, was durch Jesu Kreuz und Auferstehung allen Menschen gilt, wird in der Taufe diesem einen namentlich zugesagt. Gut, dass dieser Zuspruch nicht nur hörbar gesprochen, sondern auch fühlbar gezeigt wird. Die Sakramente sind Gottes sichtbares Wort (*verbum visibile*), was schon der Kirchenvater Augustinus betonte.

Ist die Taufe heilsnotwendig?

Es gibt ein verbreitetes magisches Verständnis der Taufe, oder ist es eher ein Missverständnis? Nur, wer getauft sei, habe Anteil am Reich Gottes. Die Konsequenz wäre natürlich, dass die Säuglinge gar nicht früh genug getauft werden können. Selbst im evangelischen Gesangbuch findet sich darum eine Anleitung zur Nottaufe durch jedes Gemeindeglied für den Fall, dass etwa für ein neugeborenes Kind Lebensgefahr besteht und kein Pfarrer oder keine Pfarrerin gerufen werden kann.

An dieser Stelle zeigt sich wieder sehr deutlich das unterschiedliche Sakramentsverständnis der Konfessionen. Handelt es sich um ein Heils*mittel* oder „nur" um eine Symbolhandlung? Luther neigt zum Ersteren, nicht zuletzt in Anlehnung an die katholische Auffassung, die Reformierten zu Letzterem. Im Großen Katechismus Luthers heißt es, „daß wir uns müssen taufen lassen, oder sollen sonst nicht selig werden".[2] Zugleich betont er, dass die Taufe nicht durch ihren bloßen Vollzug wirkt (*ex opere operato*), sondern „ohne Glauben ist es zu nichts nütze".[3]

Nach reformierter Auffassung ist die Taufe kein Mittel der Gnade. Das Heil gibt allein Jesus Christus, aber die Taufe versichert dem Täufling, dass dieses Heil auch ihm gilt. In der Taufe bestätigt und versiegelt Gott dem Täufling seine Verheißung. Das Siegel macht das Heil zu einer rechtskräftigen Zusage, auf die sich der und die Getaufte jederzeit berufen kann. Gott vergewissert uns, „daß wir so wahrhaftig von unseren Sünden geistlich gewaschen sind, wie wir äußerlich mit Wasser gewaschen werden", so sagt es die deutschsprachige reformierte Bekenntnisschrift „Heidelberger Katechismus" in Frage 73. Weil die Taufe nach reformierter Lehre keine Eigenmächtigkeit besitzt – sie ist dem verkündigten Wort nicht neben-, sondern untergeordnet –, darum kann das Heil nicht von ihr abhängig gemacht werden. Was Jesus für die Menschen getan hat, gilt auch ohne die Taufe. Die reformierte Kirche kennt folglich keine Nottaufe. Auch bei den Reformierten gehören Glaube und Taufe zusammen. Der Glaube ruft nach der Taufe und die Taufe ruft nach dem Glauben. Daraus ergibt sich die nächste Frage.

Was spricht für die Kindertaufe?

Im Neuen Testament wird die Kindertaufe nicht ausdrücklich bezeugt. Allerdings ist an einigen Stellen davon die Rede, dass sich ein ganzer Hausstand taufen ließ. Lydia, die erste Christin in Europa, wurde „mit ihrem ganzen Haus getauft“ (Apg 16,15), und der Gefängniswärter von Philippi „ließ sich und die Seinen sogleich taufen“ (Apg 16,33). Man kann daraus schließen, dass auch die Säuglinge dieser Familien mitgetauft wurden. Als einmal Kinder zu Jesus gebracht werden und die Jünger darauf unwillig reagieren, weist Jesus sie zurecht: „Lasst die Kinder zu mir kommen und wehret ihnen nicht; denn solchen gehört das Reich Gottes.“ (Mk 10,14). Dies ist zwar ein wichtiges Wort zur Begründung der Kindertaufe, aber von Taufe ist hier gar nicht die Rede. Es heißt nur: „Und er herzte sie und legte die Hände auf sie und segnete sie.“

Die ersten stichhaltigen Berichte über die Kindertaufe stammen aus dem ausgehenden 2. Jahrhundert. Der Kirchenvater Tertullian (155 – 220) kritisiert jedoch diese aufkommende Praxis und warnt davor, die Taufe vorschnell und unbedacht zu vollziehen. Allerdings meint er damit nicht die Taufe von Kindern christlicher Eltern, denn diese legten großen Wert darauf, dass ihre Kinder angesichts der heidnischen und oft feindlich gesinnten Umgebung in den geistlichen Schutzbereich Gottes und der Gemeinde aufgenommen wurden. Nach der Entwicklung der Erbsündenlehre durch Augustinus und die Erhebung des Christentums zur Staatsreligion im 4. Jahrhundert setzte sich die Kindertaufe im 5. und 6. Jahrhundert vollends durch.

Ernsthaft bestritten und darum im Gegenzug auch begründet wird die Kindertaufe erst seit der Reformationszeit. Die Gegner der Kindertaufe wurden Wiedertäufer genannt, weil sie die Säuglingstaufe nicht anerkannten und noch einmal im Jugend- oder Erwachsenenalter tauften. Sie waren der Überzeugung, dass der Taufe die Bekehrung vorausgehen müsse und erhoben die Reihenfolge Predigt – Bekehrung – Taufe zum Gesetz. Der aus den Niederlanden stammende Theologe Menno Simons (1496 – 1561) war ein Wiedertäufer; auf ihn geht die heute weltweit verbreitete Mennoniten-Gemeinde zurück. Baptisten (Evangelisch-Freikirchliche Gemeinde) tragen ihre Taufüberzeugung sogar im Namen, denn *baptizein* ist das griechische Wort für taufen; sie gründeten sich allerdings erst 1834.

Luther argumentierte gegen die Wiedertaufe mit dem Hinweis auf die tausendjährige Praxis der Kindertaufe, durch die Gott doch offenbar Vielen den Heiligen Geist gegeben habe. Und wenn Gott die Kindertaufe nicht annähme, dürfte es heute keinen Christen geben. Außerdem nahm er einen Kinderglauben an, der dem Säugling ohne sein Zutun in der Taufe geschenkt wird. Auch Zwingli und Calvin hielten an der Kindertaufe fest und begründeten sie hauptsächlich mit der Beschneidung aus dem Alten Bund. Wenn schon die Kinder christlicher Eltern durch ihre Eltern in den Gnadenbund Gottes gehören, darf man ihnen das Zeichen dafür nicht vorenthalten.

Eine ganze Reihe weiterer Argumente lassen sich für die Kindertaufpraxis anführen:

- Das Neue Testament schließt die Kindertaufe nicht ausdrücklich aus. Es entwickelt aus der Taufe Erwachsener keine Lehre und schon gar kein Verbot der Kindertaufe.
- In der Kindertaufe kommt in besonderer Weise zum Ausdruck, dass Gottes Gnade jedem menschlichen Tun zuvorkommt. Gott hat für uns bereits alles getan, ehe wir auch nur einen Schritt auf ihn zugehen können.

- Die zeitliche Reihenfolge von Glaube und Taufe ist nicht entscheidend. Natürlich gehören Glaube und Taufe zusammen, aber das eine ist nicht die Voraussetzung des anderen. Beides ist nicht Werk des Menschen, sondern Gabe Gottes.
- Christliche Eltern wollen ihr Kind von Anfang an mit in die christliche Gemeinde hineinnehmen.
- Die Taufe verbrieft dem Kind ein Guthaben fürs Leben, das über jede materielle Absicherung hinausgeht.

Was spricht für die Erwachsenentaufe?

Dem lassen sich freilich gewichtige Argumente für die Gläubigentaufe gegenüberstellen:

- Das Neue Testament berichtet explizit nur von der Taufe Erwachsener, z. B. Apg 10,48. Die Frage, ob die getauften Hausstände unmündige Kinder und Säuglinge einschlossen, ist in der historischen Forschung unentschieden.
- Die Taufe wird im Neuen Testament nahezu durchgängig erst dann begehrt bzw. vollzogen, wenn das Evangelium einen Menschen ergriffen und damit seinen Glauben hervorgerufen hat. An keiner Stelle wird die Reihenfolge Predigt – Glaube – Taufe umgekehrt.
- In der Alten Kirche wurden die Täuflinge durch das Katechumenat (Unterweisung im christlichen Glauben) auf die Taufe vorbereitet, dann legten sie ihr Bekenntnis ab – so entstanden die altkirchlichen Glaubensbekenntnisse – und anschließend wurde die Taufe vollzogen.
- Luthers Annahme eines Kinderglaubens und der Gedanke eines stellvertretenden Glaubens der Eltern erweisen sich selbst für Befürworter der Kindertaufe als recht fragwürdige Hilfskonstruktionen.
- Der reformierte Theologe Karl Barth lehnte die Kindertaufe ab, weil ein Säugling nicht aus freiem Willen und mit

> bewusster Dankbarkeit die Taufe empfangen kann. Man könnte hinzufügen, dass nur die Taufe im religionsmündigen Alter die Erinnerung an diese sichtbare, fühlbare Zusicherung der Gnade Gottes ermöglicht.

Viele weitere Aspekte des Für und Wider ließen sich anfügen. Betrachtet man die 2000-jährige Diskussion insgesamt, so kann man wohl resümieren, dass beide Argumentationslinien gute Gründe auf ihrer Seite haben. Diesem Befund würde eine gemischte Praxis entsprechen sowie die gegenseitige Anerkennung der jeweiligen Taufpraxis in ökumenischer Offenheit.

Worum geht es im Abendmahl?

a) Sündenvergebung
b) Erinnerung
c) Gemeinschaft
d) Hoffnung

a) Das erste Abendmahl, auch Herrenmahl genannt, war das letzte Mahl Jesu mit seinen Jüngern. Es war das jüdische Passahmahl, das an den Auszug aus Ägypten, die Befreiung aus der Knechtschaft erinnert, und so zum Urbild des Abendmahls wird. Ein Lamm wurde geschlachtet anstelle der Erstgeburt, die von der Tötung verschont worden war (Exodus 12). Durch seinen Kreuzestod wird Jesus zu „Gottes Lamm, das der Welt Sünde trägt" (Joh 1,29, vgl. 1 Kor 5,7). Im Abendmahl werden alle Sinne angesprochen: Wir sehen, riechen, fühlen und schmecken Brot und Wein und hören das deutende Wort.

b) Zugleich *erinnert* das Mahl an den versöhnenden Tod Jesu. Paulus fügt den Einsetzungsworten ausdrücklich hinzu: „Das tut zu meinem Gedächtnis." (1 Kor 11,24f).

c) Die Erfahrung der Gemeinschaft ist ein weiterer Bedeutungsgehalt des Abendmahls, und zwar der Gemeinschaft mit Christus und mit den Mitfeiernden. Insofern ist das Abendmahl verwandt mit dem Liebesmahl (*Agape*), das im 3. Jahrhundert als Weiterführung der Tischgemeinschaften Jesu mit Sündern und Gerechten aufkam und auch heute in manchen Gemeinden gemäß 1 Kor 11,21f als Sättigungsmahl gefeiert wird. Die für das Herrenmahl konstitutiven Einsetzungsworte werden hier freilich nicht gesprochen.

d) Schließlich macht das Abendmahl Hoffnung auf die ewige Mahlgemeinschaft mit Gott in der zukünftigen Welt. Aus einem traurigen Abschiedsmahl wird so ein Freudenmahl.

Was bedeutet „Dies ist mein Leib, dies ist mein Blut"?

Diese „Einsetzungsworte" sagt Jesus beim letzten Mahl mit seinen Jüngern (Mk 14,22–24). An der Frage nach Art und Weise der Präsenz Jesu im Abendmahl gehen die Auffassungen der Konfessionen wohl am weitesten auseinander. Nach katholischer Lehre werden Brot und Wein in Leib und Blut Jesu *gewandelt* (*Transsubstantiation*). Gegenüber einer solchen Wesensverwandlung ist für Luther die Verbindung von Brot und Wein mit dem Wort entscheidend: „Das Wort muss das Element zum Sakrament machen; wo nicht, so bleibt's ein bloßes Element."[4] In diesem Sinne besteht er auf der Personal- und Realpräsenz Christi im Abendmahl. Die Reformierten tendieren zu einer Spiritualpräsenz, wenn sie im Abendmahl „nur" ein Zeichen und Siegel sehen. Berühmt geworden ist das Streitgespräch zwischen Luther und Zwingli, 1529 auf dem Marburger Schloss, in dem Luther auf dem *est* (ist) Leib und Blut und Zwingli auf dem *significat* (bezeichnet, bedeutet) bestand. Die beiden Reformatoren konnten sich nicht einigen, und diese Trennung wirkte so nachhaltig, dass erst 1971 offiziell wieder Abendmahlsgemeinschaft zwischen den beiden evangelischen Konfessionen hergestellt wurde. In der *Leuenberger Konkordie*, benannt nach dem Ort Leuenberg, wo die Vereinbarung geschlossen wurde, verständigte man sich auf ein „mit" im Sinne der Realpräsenz: „Im Abendmahl schenkt sich Jesus Christus, der Auferstandene, in seinem für alle in den Tod gegebenen Leib und Blut durch sein verheißendes Wort *mit* Brot und Wein." (These II 2b des Dokuments).

Wer darf teilnehmen?

Wie steht es mit der eucharistischen Gastfreundschaft? Durften in der Urgemeinde auch ungetaufte Gäste am Mahl teilnehmen? Jesu Mahlgemeinschaft mit Zöllnern und Sündern weist auf eine uneingeschränkte Offenheit; er lädt alle Mühseligen und Beladenen zu sich ein (Mt 11,28) und gibt sein Leben „als Lösegeld für viele" (Mk 10,45). Von hier führt eine Linie über das letzte Mahl Jesu zu den Abendmahlsfeiern der Urgemeinde. Die einzige Zulassungsbeschränkung taucht in 1 Kor 11,17–34 auf und erklärt diejenigen für unwürdig, die die Armen und Schwachen in der Gemeinde missachten, sodass die Mahnung des Paulus auf die gastfreie Einladung auch der Armen abzielt und nicht auf Ausgrenzung.[5] Aber schon nach der frühchristlichen Kirchenordnung der *Didache* („Zwölfapostellehre") aus dem 1. Jahrhundert dürfen nur Getaufte am Herrenmahl teilnehmen (9,5). Die daraus erwachsene christliche *Arkandisziplin*, die das Schließen der Türen vor den Nichteingeweihten nach dem Ende des Wortgottesdienstes (und vor Beginn der Abendmahlsfeier) verlangte, setzte sich im 4. Jahrhundert durch.

Aus diesem Befund werden in der evangelischen Theologie konträre Konsequenzen gezogen. Die einen wollen aufgrund der frühkirchlichen Entwicklung nur Getaufte zugelassen wissen[6], die anderen plädieren mit der Mahlgemeinschaftspraxis Jesu für eine unbeschränkt offene Einladung.[7]

Die Zulassungsfrage berührt das in allen Kirchen vorausgehende Sündenbekenntnis bzw. das Bußsakrament. Gegenüber einer Veräußerlichung der Buße, z.B. in der Ablasspraxis, hatte Luther Buße als eine lebenslang währende und täglich zu erneuernde innere Haltung begriffen, in der der Christ allein auf Gottes Versöhnungswerk in Christus vertraut. Entsprechend rückt er die Absolution, also die Verkündigung der Sündenvergebung, und den Glauben an sie in den Vordergrund. An die Stelle der Reue tritt der Glaube, Bußleistungen sind überflüssig. Damit hatte die Beichte ihren sakramentalen Rang verloren, nachdem er ihr diesen zunächst noch beigemessen hatte. Während Luther und der wichtigste Reformator an seiner Seite Philipp Melanchthon (1497 – 1560) gleichwohl an der Privatbeichte und in ihr an der Absolution festhielten, verlegten Zwingli und Calvin die Beichte wieder in die gottesdienstliche Gemeindeöffentlichkeit, und zwar in Form des sonntäglichen Schuldbekenntnisses, insbesondere zur Vorbereitung auf den Empfang des Abendmahls. Festzustellen ist aber auch, dass vielerorts die paulinische Warnung vor dem unwürdigen Genuss des Abendmahls (1 Kor 11,27–29) – verallgemeinernd missverstanden – den Blick dafür verdunkelt hat, dass Jesus gerade Sünder an seinen Tisch lädt. Die Beichte bewirkt dann keine Freude, sondern ängstliche Selbstprüfung und steife, gedrückte Stimmung.

Allen Kirchen ist es ein Anliegen, dass die Eucharistie bzw. das Herrenmahl Freude über den Zuspruch der Vergebung und Ermutigung für den „Gottesdienst im Alltag der Welt“[8] bewirkt. Das Fest der Versöhnung stärkt für die Praxis der Liebe, sie ist die selbstverständliche soziale Dimension von Buße und Mahlfeier. Daraus ergibt sich zwangsläufig die Frage:

Warum ist die Feier der Versöhnung im Sakrament der Eucharistie noch nicht interkonfessionell möglich?

Evangelischerseits kann jeder Mensch, der getauft und konfirmiert ist, also Glied einer christlichen Kirche und in den Grundaussagen des Glaubens unterwiesen ist, am Abendmahl teilnehmen; je nach Offenheit der Gemeinde gilt dies auch für

Ungetaufte (s.o.). Da die *Ordination* (geistliche Beauftragung) evangelischer Pfarrer und Pfarrerinnen nicht in der *apostolischen Sukzession* (ununterbrochene Weitergabe von den Aposteln her) und somit nicht durch einen geweihten Bischof erfolgt, wird sie von katholischer Seite nicht als Priesterweihe (Weihesakrament) anerkannt. Da das Abendmahl bzw. die Eucharistie in der katholischen Kirche rechtmäßig nur durch einen geweihten Priester vollzogen werden kann, ist offiziell die Gemeinschaft am Tisch des Herrn (noch) nicht möglich.

Insbesondere konfessionsverschiedene Paare erleben an dieser Stelle die Kirchenspaltung überaus schmerzlich. Auch wenn auf Gemeindeebene Interkommunion stattfindet, weil vor der Eucharistie- bzw. Abendmahlsfeier nicht nach der Kirchenzugehörigkeit gefragt wird, ist die auch lehramtlich gestattete eucharistische Gemeinschaft wohl nicht so schnell zu erreichen. Das ist umso trauriger, als die Feier des Abendmahls der sinnenfälligste Ausdruck und Vollzug christlicher Gemeinschaft ist.

Braucht die Kirche Taufe und Abendmahl?

Beide Rituale bilden nach dem Neuen Testament tragende Grundpfeiler der christlichen Gemeinde auf dem Fundament des Wortes Gottes. Nach reformatorischer Überzeugung kennzeichnen zwei Wesensmerkmale die wahre Kirche: die Verkündigung des Evangeliums und die richtige Austeilung der Sakramente. Das Neue Testament umschreibt die Kirche als Leib Christi (z.B. 1 Kor 12,12–31), also als Organismus und nicht als Organisation. Dieses Bild veranschaulicht die Einheit der Glieder mit dem Haupt Christus (Eph 4,15). In der Taufe werden Menschen dem Leib Christi eingegliedert und im Abendmahl feiern sie kontinuierlich die Zusammengehörigkeit mit Christus und untereinander. Das stärkt die Gemeinde Christi über alle Konfessionsgrenzen hinweg zum lebendigen Zeugnis ihres Glaubens in Wort und Tat.

b) *Taufe und Eucharistie in der katholischen Kirche*

Dorothea Sattler

Inhalt

Der nachfolgende Beitrag zum Verständnis der christlichen Sakramente wählt einen ökumenischen Zugang zur Thematik. Die erreichten Annäherungen insbesondere zwischen der römisch-katholischen Kirche und den Kirchen der Reformation bilden die Grundlage der Überlegungen: Im Neuen Testament wird Jesus Christus als das eine Sakrament Gottes verkündigt. Gottes letzte und für immer verlässliche Zeichenhandlung für uns ist das Leben und das Sterben Jesu von Nazareth. Alle Zeichenhandlungen, die später in der Kirchengeschichte „Sakramente" genannt werden, sind als eine Feier der österlichen Freude zu verstehen: Gott schenkt den Toten ewiges Leben. Jede Gestalt der Schuldverstrickung ist für Gott zu lösen, wenn Menschen auf ihn vertrauen und sich von Gott versöhnen lassen. In der Feier der Taufe bekennen sich Glaubende zu Jesus Christus und werden Teil einer Gemeinschaft, die das christliche Bekenntnis im Leben bezeugt. In der Feier des Abendmahls sowie der Eucharistie wird Gottes Handeln in Jesus Christus in Gestalt der Mahlgemeinschaft gegenwärtig: Jesus Christus schenkt sein Leben für uns, damit wir zum Glauben an den barmherzigen Gott finden.

---

1. *Was ist ein Sakrament?*

In den sakramentalen Feiern der Kirche Jesu Christi kommt in einem sinnlich erfahrbaren Geschehen eine Zusage Gottes in Gemeinschaft wirksam zu Gehör. Der Sinn des geschöpflichen Daseins wird in Zeichenhandlungen erschlossen. Gottes Wesen ist Leben – unverlierbares Leben, an dem Gott die Geschöpfe teilhaben lassen möchte. Die sakramentalen Zeichenhandlungen vergegenwärtigen erinnernd, was Gott zusagt: Seine Liebe ist stärker als die Sünde des Gemeinschaftsbruchs, die sich in der Gewalt, der Anfeindung und gar im Töten auf schrecklichste Weise auswirkt. In den in Gemeinschaft gefeierten, menschlichen Zeichenhandlungen geschieht wirksames Gedächtnis der großen Heilstaten Gottes. Sakramente sind Zeichen des Heiles, das Gott uns bereitet.

In den neutestamentlichen Schriften gibt es keinen Begriff, der die Zeichenhandlungen, die in späterer Zeit in der theologischen Tradition der Kirchen als „Sakramente" bezeichnet wurden, zusammenfasst. Es war in der Geschichte daher möglich, mit guten Gründen unterschiedliche Begriffe zu formen und Zählungen vorzunehmen. In den ökumenischen Gesprächen über die Sakramente gelang inzwischen eine Verständigung darüber, dass auch heute „Sakrament" enger oder weiter gefasst werden kann. Die Zahl der Sakramente ist dann entsprechend verschieden.

Frühe lateinische Bibelübersetzungen haben das griechische Wort „mysterion" mit „sacramentum" übersetzt. Der Gebrauch des Begriffes „mysterion", der zumeist mit „Geheimnis" im Deutschen wiedergegeben wird, ist in den biblischen Schriften vielgestaltig. Als Grundbedeutungen der Rede vom göttlichen „Geheimnis" gelten: „Erwählung durch Gott", „unergründlicher Ratschluss Gottes", „freie, sich schenkende Liebe Gottes". Mit „Geheimnis" wird somit die allein von Gott selbst zu entscheidende, die Geschöpfe immer als Gabe, als Geschenk erreichende Zuwendung Gottes benannt. Es besteht kein Anspruch auf Gottes „Geheimnis". Er allein kann es lichten. Gott allein kann sich dazu entschließen, sich als „Geheimnis" mitzuteilen. Das „Geheimnis" Gottes besteht nach den biblischen Schriften im Ja Gottes zu seinen Geschöpfen. Dieses Ja spricht Gott auch den Sünderinnen und Sündern zu. Die Zeugen des Lebens, des Sterbens und der Auferweckung Jesu Christi haben diese Gottesbotschaft als Evangelium, als befreiende Zusage, erkannt und verkündigt.

Der Kolosserbrief verkündigt Jesus Christus als das offenkundig gewordene „Geheimnis Gottes“ (Kol 2,2). Jesus Christus ist nach dem neutestamentlichen Sprachgebrauch das einzig(artig)e „Sakrament“ Gottes: Im Tod des Gekreuzigten wird die Tiefe der Liebe Gottes erkennbar. Das „Geheimnis der verborgenen Weisheit Gottes“ (1 Kor 2,7) ist in einem Menschenleben erfahrbar gewesen, und es wird in jeder Zeit durch Gottes Geist wirksam im Gedächtnis der Glaubenden bewahrt. Der kirchliche Dienst der Verkündigung dient der fortwährenden „Enthüllung“ dieses Geheimnisses Gottes (Röm 16,25; Eph 3,8f). Weder Taufe und Eucharistie noch andere Zeichenhandlungen der christlichen Gemeinde werden von den neutestamentlichen Schriften als „Mysterien“ bezeichnet.

In der evangelischen Theologie wird die Zählung von zwei Sakramenten – Taufe und Abendmahl – seit langem bevorzugt, auch wenn im 16. Jahrhundert auch andere Zählungen noch als möglich galten. In der römisch-katholischen Theologie werden Gründe genannt, die die mittelalterliche Zählung von sieben Sakramenten berechtigt erscheinen lassen. Offenheit für beide Argumentationen kennzeichnet inzwischen die Atmosphäre der ökumenischen Gespräche über diese Frage. Beide Optionen haben eigene theologiegeschichtliche Wurzeln. Taufe und Abendmahl bzw. Eucharistie gelten auch in der römisch-katholischen Theologie als besondere Sakramente. Auch wenn die Ehe, das Amt, die Buße, die Krankensalbung und die Firmung bzw. Konfirmation nach dem evangelischen Sprachgebrauch nicht als „Sakramente“ bezeichnet werden, so gibt es jedoch auch in der evangelischen Glaubenspraxis Zeichenhandlungen und liturgische Feiern, deren Anlässe denen entsprechen, bei denen die römisch-katholische Kirche Sakramente feiert. Die gläubigen Deutungen dieser existentiellen Situationen sind einander ganz ähnlich.

Die römisch-katholische Theologie wirbt bis heute für die Legitimität auch ihrer Zählung von sieben Sakramenten, zu der sie sich auf mehreren Konzilien entschieden hat. Zugleich sind sich die Konfessionen darüber einig, dass Taufe und Abendmahl bzw. Eucharistie eine herausragende Bedeutung für das Leben der christlichen Glaubensgemeinschaft haben: In der Taufe wird der Grund der christlichen Hoffnung gefeiert und Menschen, die sich zum vertrauensvollen Glauben an Jesus Christus entschieden haben, werden in die Kirche aufgenommen. Die Feier der Taufe vollzieht eine existentielle Wende im Leben der einzelnen Gläubigen, und sie ist konstitutiv für die Bildung der Gemeinde. In der Feier der Eucharistie wird den Versammelten der Grund ihrer Hoffnung erinnernd neu gegenwärtig. Das eucharistische Gedächtnis ist wirksame Danksagung für Gottes Tat der Erlösung. Sie ist die Feier der Mitte des christlichen Bekenntnisses und unversiegbare Quelle der Kraft zu einem christlichen Leben.

2. *Jesus und die Sakramente*

Jesu gesamtes Leben erzählt von Gott. Jesu Weise, sich Menschen zuzuwenden, sie zu entdecken in ihrem Elend, ihnen aufmerksam zuzuhören, nach ihren Lebenswünschen zu fragen und die zu heilen, die sich ihm anvertrauen – all dies kündet von Gottes liebendem Wesen. Christus Jesus ist das „Ebenbild des unsichtbaren Gottes“ (Kol 1,15). In seinem menschlichen Leben ereignet sich Gottes Selbstkunde.

Gott möchte, dass alle Menschen das Leben der Mitmenschen achten. Gott fordert den Schutz der Daseinsrechte der anderen. Jesus legte offen, dass die Gebote Gottes diesen Sinn haben: Niemand soll Schaden leiden an seinem Leben, an seinem guten Ruf, an seinem Eigentum oder an seinen menschlichen Bindungen. Ängstlichkeit ist unangemessen im Blick auf Gottes Gesetz. Es will eine Weisung sein, die das Leben der Menschen miteinander gelingen lässt. Erfahrungswissen vor allem hat Israel in den Geboten versammelt. Jesus trat für die lebensfördernde Sinngebung des Gesetzes und für die wahre

Gestalt der Verehrung des Gottes Israels ein. Gottes Willen tun die, die Gerechtigkeit üben, Güte und Treue lieben, und in Ehrfurcht ihren Weg gehen mit Gott (Micha 6,6).

Jesus wollte Israel an den Namen Gottes erinnern. Gott sagt von sich, sein Name sei die Zusage seines Mitgehens auf den Wegen des Lebens. Jesus wollte seine jüdischen Schwestern und Brüder neu versammeln im Bekenntnis zu diesem Gott, der sich in seinem Handeln als treu und verlässlich erwiesen hat. Jesus verkündigte Gott als einen unerschütterlich Gemeinschaftstreuen, der unbesiegbar ist in seiner Liebe und in seinem Erbarmen. Die Botschaft erschreckte die Hörenden. Warum? Das Leben erscheint manchen leichter, wenn Gute und Böse klar voneinander zu unterscheiden sind.

Jesus hat unter der Zurückweisung, die seine Worte über Gott erfahren haben, sehr gelitten. Aber er gab nie auf. Unermüdlich war er unterwegs zu den Menschen. Er ließ sich zuweilen begleiten. Dann sprachen sie zusammen über das, was ihm wichtig war. Er wollte andere beteiligen an seinem Dienst der Verkündigung Gottes. Gemeinschaft mit Menschen war ihm wichtig. So traf es ihn hart, als einer der Vertrauten verriet, wo er sich aufhielt, so dass die Soldaten ihn ergreifen konnten. Aber auch in dieser Situation blieb er zugewandt: Er hinderte Petrus daran, weiteres Leiden zu verursachen. Jesus ging den schweren Weg zur Hinrichtungsstätte mit tapferem Herzen und tiefem Vertrauen.

Jesus hat viele Zeichen gesetzt. Sein Handeln stiftete Gemeinschaft. Er versammelte die verstreut Lebenden um sich und sprach mit ihnen. Mahl hielt er gerne und mit jedem, der dies wollte. Auch die wenig Geachteten, die aufgrund ihres Berufes, ihres Geschlechts oder ihres Standes sozial und religiös Deklassierten, hat er dazu eingeladen. Diese Zeichenhandlung hatte ihre Wirksamkeit: Sie verkündigte Gottes Bereitschaft, auch den Sündern und Sünderinnen gegenüber seine Gemeinschaft zu bewahren. So manchen hat Jesus geheilt als Zeichen dafür, dass Gottes Sorge dem Leib und der Seele des Menschen gilt. Krankheiten sollen nicht sein. Sie sind die Vorboten des Todes und beeinträchtigen die Bewegungsfreiheit und Lebensfreude. Auch Versöhnung hat Jesus gestiftet. Er ließ selbst die Ehebrecherin leben; er sprach mit ihr über das, was war. Als ein Zeichen für seine Zustimmung zum Umkehrruf des Johannes ließ er sich im Jordanwasser taufen. Später ging er dann eigene Wege und mühte sich, Vertraute zu gewinnen, die mitsorgten für die Verbreitung der frohen Kunde von Gottes unergründlicher Barmherzigkeit.

Das klarste, das dichteste Zeichen für die Gottesbotschaft Jesu ist sein noch im Sterben zur Versöhnung bereites Leben. Christus Jesus ist das *eine* Sakrament Gottes: Das große Zeichen für Gottes Bereitschaft, sich nicht einmal durch die tiefste Tiefe der Zurückweisung seiner Liebe, die er im Tod seines Gesandten Jesus erfährt, davon abbringen zu lassen, seinen Geschöpfen das Leben zu schenken. Petrus verkündigt: „Den Urheber des Lebens habt ihr getötet, aber Gott hat ihn von den Toten auferweckt. Dafür sind wir Zeugen“ (Apg 3,15). Gottes Geist hat Jesus im Tod mit Leben erfüllt. Er sorgt auch dafür, dass er in allen Zeiten lebendig gegenwärtig ist im Gedächtnis seines Liebens und Leidens.

Seine Bereitschaft, aus Liebe zu den Menschen einen Dienst zu tun, den niemand von Gottes Sohn einfordern könnte, hat Jesus kurz vor seinem Sterben in eindrücklichen Zeichenhandlungen verkündigt. Er hat seinen Jüngern die Füße gewaschen. Ein Zeichen sollte es sein für die Bereitschaft Gottes, die niedrige Gestalt des Knechtes anzunehmen, um darin die Größe seiner erbarmenden Zuwendung zu erkennen zu geben. Die letzte Mahlzeit mit seinen Jüngern gestaltete Jesus in besonderer Weise. Er deutete das gebrochene und in die Runde gereichte Brot als sein Leben, das bald zerbrechen wird. Am gebrochenen Brot haben alle teil. Es ist Zeichen für die Bereitschaft Gottes, den Gemeinschaftsbrüchigen seinen Bund zu erhalten, ihn zu erneuern auf ewig. Und seinen Becher mit Wein reichte Jesus in die Runde. Alle tranken aus diesem Becher. Der Wein ist

Sinnbild für das Blut Jesu, das aus seinen Wunden fließen und ihm sein Leben nehmen wird. Jesus war bereit zu sterben. Er wollte darin selbst Zeichen sein für die Gültigkeit der Zusage Gottes, niemanden aus seiner Liebe zu entlassen – nur die, die selbst sich dieser Liebe für immer verweigern. Aber sollte es solche Menschen geben? Hoffnung ist für jeden und für jede.

3. Österliche Feiern des Glaubens

Alle Sakramente feiern das österliche Geheimnis des Glaubens: Sie verkündigen den Tod Jesu als untrügliches Zeichen seiner Bereitschaft, seine Liebe auch den Sünderinnen und Sündern zu erweisen; sie preisen die Auferstehung des Gekreuzigten als Gottes Zeichenhandlung, die das Leben Jesu gutheißt und uns hoffen lässt, an diesem heilvollen Geschehen teilhaben zu können. Sie sind ein Ruf nach dem endgültigen Kommen des Reiches Gottes, in dem keine Trauer und Angst, keine Mühsal und Plage, kein Schmerz und keine Ungewissheit mehr sein werden. Auch der Tod ist dann nicht mehr (Offb 21,1–4). In der Zeit der Erwartung, in unserer Lebenszeit, kann der von Gott verheißene „neue Himmel" auf der „neuen Erde" bereits anfanghaft, ahnungsweise Gestalt annehmen. Wo die Güte und die Liebe wohnt, da ist Gott.

4. Taufe

In der Taufe feiert die christliche Glaubensgemeinschaft ihr Bekenntnis, mitten im Leben bereits mit Christus Jesus in die tiefen Wasser des Todes gestiegen zu sein, durch die Ausgießung des Geistes Gottes gereinigt und erneuert zu sein und – wie Jesus Christus – von Gott mit dem unverlierbaren Leben beschenkt zu werden.

Das Wasser der Taufe ist Sinnbild für die Tiefen des Meeres, in denen das Unheil droht. Das Wasser der Taufe ist zugleich ein reinigender Strahl und Labsal für alle, die nach der Quelle des Lebens dürsten. Eigenartig spannungsreich ist die Symbolik des Wassers nach dem biblischen Zeugnis: Tod und Leben kann es bedeuten. Die Vielgestalt des geographischen Raumes, in dem das Volk Israel und die frühe Christenheit lebten, machte es möglich, dass sich in den alt- und neutestamentlichen Schriften ganz unterschiedliche Erfahrungen mit dem Element Wasser verbinden: Lebensbedrohlich sind die tosenden Stürme und die unergründlichen Tiefen der Meere (Ps 42,8; 69,2f). Menschliches Leben kann untergehen in gewaltigen Wellen. Ungeheuerliche Tiere lehren das Fürchten (Ps 74,13f). Fluten überschwemmen die Erde und rauben Menschen wie Tieren Lebensraum und Nahrung (Gen 6–8; Ps 93,3). Die biblischen Schriften bezeugen aber auch in vielfältiger Weise, wie die Gabe des Wassers Mensch und Tier erquickt und von Unreinheiten befreit (Ex 17,1–7; Ps 42,2f; 2 Kön 5,14; Ps 51,9). Der Seher Johannes schaut heilvolle Zeiten, in denen die „Wasser des Lebens" nicht mehr versiegen (vgl. Offb 22,1). Nicht nur in den Wüstenregionen Palästinas sichern Quellen das Überleben.

Diese ambivalente biblische Wassersymbolik ist in der Bibel verbunden mit dem Anliegen, Gott als Geber und Erhalter des Lebens zu verkündigen: Gott ist mächtig, den Wellen des Sturms Ruhe zu gebieten, die Fluten zu verdrängen, Quellen entspringen zu lassen und reines Wasser über das Volk auszugießen. Das lebensspendende Wasser ist Zeichen göttlicher Anwesenheit (Ez 47). Gott selbst ist die „Quelle des Lebens", die Quelle lebendig machenden Wassers (Jer 2,13; Ps 36,10). Die neutestamentlichen Schriften greifen diese gedankliche Tradition auf und verkündigen Christus Jesus als Gebieter über die Meere (Mk 4,35–41) und als sprudelnden Quell ewigen Lebens (Joh 4,14). Um Gottes Wege mit seinen Geschöpfen als ein Durchschreiten der Sphäre des Todes und ein Kommen ins Leben zu verkündigen, greift die Bibel verschiedentlich die

Wassersymbolik auf: Die Israeliten ziehen durch das Schilfmeer ans rettende Ufer (Ex 14) und stoßen mitten in der Wüste auf Wasser (Ex 17). Mit Christus Jesus hineingetaucht in die Wasser des Todes erstehen die Getauften gereinigt von seinem Geist zu unverlierbarem Leben (Röm 6,1–12). Christus Jesus, der die Wasser des Todes durchschritten hat und aus ihnen in der Kraft des lebendig machenden Geistes Gottes auferstand ins unverlierbare Leben, hat die Möglichkeit eröffnet, dass alle so leben können, wenn sie den alten Menschen in sich selbst sterben lassen, frei werden von den Mächten des Bösen und in glückender, gelingender Gemeinschaft als Erlöste leben.

In der Taufe feiert die Kirche Gottes Sieg über die Sünde und den Tod. Umkehrwillige, zum Glauben an Gott bereite Menschen werden in die Gemeinschaft der Kirche aufgenommen, in der sie immer wieder neu verwiesen werden auf das Beispiel Jesu, um das Glücken des eigenen Lebens zu lernen. Drei Gedanken verbinden sich mit der Feier der Taufe: (1) Der Sohn Gottes, Christus Jesus, hat den Tod als Folge der Sünde erlitten, die Sünde – biblisch: ein Gemeinschaftsbruch mit leidvollen Folgen – ist damit „aus-gelitten", neue, unverlierbare Gemeinschaft zwischen Gott und der Schöpfung ist hergestellt, die im Geist als solche erfahren wird. (2) Der Eintritt in die Gemeinschaft, die im Geist Jesu Christi lebendig ist, lässt hier und heute schon erfahren, inwiefern die Liebe stärker ist als der Tod, alle als Angst und Herzensenge erfahrene Verzweiflung verwandelt werden kann in offene Erwartung des Guten. (3) Umkehr, Rückkehr aus dem Tod ins Leben ist möglich durch das bewusste Bekenntnis zu Christus Jesus; seinem Bild gleichgestaltet, erfahren alle, die in seinem Geist leben und handeln, den „Lohn der Liebe".

Die sich im christlichen Altertum entwickelnde, unter dem Einfluss der Schriften des Augustinus aus theologischen Gründen zunehmend als Regelfall geforderte Praxis der Säuglingstaufe bedarf angesichts des sich vom neutestamentlichen Zeugnis her naheliegenden Verständnisses der Taufe als Feier der

Umkehr und des Glaubens eines zur Entschiedenheit fähigen Menschen einer eigenen Begründung. Drei Gedanken, die grundlegend für jedes Taufgeschehen gültig sind, gerade bei der Säuglingstaufe aber in besonderer Weise beansprucht werden, werden heute im Gespräch mit Kirchen, die ausschließlich die Taufe von persönlich Glaubenden feiern, gemeinsam bedacht: Alles Gute ist *Gottes Initiative und Gabe*, nicht menschliche Anstrengung; zum Glauben findet nur, wer die Verkündigung des Evangeliums in der *Gemeinschaft* der Glaubenden erlebt; sich zum Glauben zu bekennen, bedeutet, sich immer wieder neu auf den *Weg* zu machen. Der in der Taufe gefeierte Durchgang ins Leben ist Geschenk Gottes, das – soll es erfahrbar und damit wirksam werden – angewiesen ist auf sein Erleben in der Gemeinschaft der bereits aus dem Tod erlösten Glaubenden und nicht im Augenblick, sondern nur in einem personalen Prozess angenommen werden kann. Als Initiative Gottes, die in der Gemeinschaft von Menschen als Wachsen im Glauben erfahren wird, ist die Taufe nicht ein punktuelles Geschehen, sondern auf den gesamten gläubigen Lebensweg bezogen. Die trotz dieser Überlegungen bleibende Notwendigkeit, den Entscheidungscharakter des Bekenntnisses zum christlichen Glauben zu bewahren, kommt in Formen der Tauferneuerung (vor allem in der Feier der Osternacht) und in der Konfirmation bzw. in der Firmung zum Ausdruck, in der erwachsene Christen selbstverantwortlich ihren Glauben bekennen.

Bei vielen Tauffeiern ist gut zu erkennen, dass die Eltern und die Familie des Neugeborenen vor allem den kirchlichen Zuspruch des Segens Gottes erbitten. Das noch junge, der Sorge bedürftige Menschenleben soll behütet sein vor jeder Gefahr. Wachstum, Glück und Freude soll das Kind in reichem Maße erfahren. Vor diesem Hintergrund ist es nicht leicht, ein Verständnis der christlichen Taufe zu vermitteln, dessen Mittelpunkt die Hoffnung ist, Gott verheiße den Sünderinnen und Sündern ein Leben, das auch im Tod bewahrt bleibt. Das „Bad der Wiedergeburt und der Erneuerung im Heiligen Geist“

(Tit 3,5) ist mit einem Bekenntnis zur Rettung und Erlösung des Menschen durch das Handeln Gottes verbunden, dessen „Güte und Menschenfreundlichkeit" (Tit 3,4) in Jesus Christus in Zeit und Geschichte erschienen ist. Die Praxis der Säuglingstaufe eröffnet zum einen die Möglichkeit, die lebensgeschichtlich so bedeutsame Situation der Geburt christlich zu deuten; sie verlangt aber nach einer Bekräftigung in einer weiteren (sakramentalen) Feier der Kirche (Konfirmation oder Firmung), in der es dann möglich ist, dass die Getauften selbst ihren Glauben an Jesus Christus bekennen.

5. Abendmahl bzw. Eucharistie

In der Feier der Eucharistie geschieht ein wirksames Gedächtnis der großen Heilstaten Gottes. Das Wort des lebendigen Gottes wird verkündigt und stärkt die Gemeinde im Glauben. In der Zeichenhandlung des Mahles ereignet sich die Vergegenwärtigung der Bundeswilligkeit Gottes, die im Leben und Sterben Jesu als Liebe zu den Sünderinnen und Sündern in sichtbare, spürbare Erscheinung getreten ist. Keine Gestalt der Sünde kann Gott davon abbringen, in Verbundenheit mit seinen Geschöpfen bleiben zu wollen. Gott will das Leben, nicht den Tod. Die christliche Glaubensgemeinschaft feiert in der Eucharistie ihr Bekenntnis zu Gottes Tat der Erlösung. Gott selbst hat den Bruch geheilt, den die Sünde bewirkte, indem er die feindlichen, tödlichen Taten seiner Geschöpfe mit der Bereitschaft beantwortete, den geschlossenen Bund auf ewig in Geltung zu belassen.

Das Mahl ist eine Zeichenhandlung, in der Dank geschieht für Gottes Versöhnungsbereitschaft, die Jesus bis in seinen Tod hinein in der Gestalt seines zur Lebenshingabe bereiten Daseins leibhaftig zur Erscheinung brachte. Das gebrochene Brot ist Sinnbild für das zu Tode gequälte Leben Jesu. Wer daran teilhat, bleibt in lebendiger Gemeinschaft mit Gott. Der eine

Becher mit Wein ist wirksames Zeichen für das im Sterben vergossene Blut Jesu. Wer aus diesem Becher trinkt, gewinnt Anteil am unverbrüchlichen, ewigen Bund mit dem lebendigen Gott. Jesus selbst hat sein dem Sterben nahes Leben in diesen Zeichen gedeutet. Durch sein deutendes Wort, das am Kreuz zur blutigen Wahrheit geworden ist, werden die Mahlgaben verwandelt. Eine Zeichenhandlung hat Jesus gestiftet, deren wirksames Gedächtnis in der Feier der Gemeinde Gottes erlösendes Handeln gegenwärtig werden lässt.

Von frühester Zeit an feierten die zunächst noch sehr kleinen christlichen Hausgemeinden das Gedächtnis Jesu Christi im Hören auf Gottes Wort und im Zeichen der Mahlgemeinschaft. So, wie es die Erzählung von den beiden Jüngern auf dem Weg nach Emmaus (Lk 24) beispielhaft überliefert, versuchte die junge christliche Glaubensgemeinschaft ihren Erlebnissen mit Jesus, die sie nicht selten im bisherigen Glauben erschütterten, eine angemessene Deutung zu geben, indem sie die Schriften befragte, die ihr vertraut waren. Die Versammelten hielten dann am Abend Mahl und vergegenwärtigten erinnernd, was Jesus selbst am Abend vor seinem Tod ihnen als Deutung des Brotbrechens und des Kelchtrankes erschlossen hatte. Sie wussten sich darin gehorsam dem Auftrag, das Gedächtnis Jesu zu feiern. Wortverkündigung und Mahlfeier verbanden sich von frühester Zeit an zu einem Geschehen der Feier des Lebens und des Todes Jesu. In der gläubigen Gewissheit seiner lebendigen Nähe rief die Gemeinde zugleich nach seiner baldigen Wiederkehr, erflehte sein Kommen, ersehnte sein Erscheinen in der Bedrängnis und Mühsal der irdischen Zeit.

Im Zeichen des Mahles feiert die Gemeinde ein sie verwandelndes, darin wirksames Gedächtnis Jesu Christi. Jesus hat oft und gerne Mahl gehalten – so überliefern es die Evangelien. Von seinen Widersachern wird er sogar als „Fresser und Säufer" bezeichnet (Mt 11,19) – offenbar, weil er gerne lebte, nicht ängstlich war und auch nicht kleinlich – vor allem aber, weil er niemanden aus der Mahlgemeinschaft mit ihm ausschloss. Gottes Weisheit kommt auf diese Weise zur Erscheinung: Gottes Gutheißung der Gaben der Schöpfung; Gottes liebevolle Sorge für die Ausgestoßenen und Missachteten; Gottes Freude daran, bei den Menschen zu wohnen. Die alttestamentlichen Schriften (Spr 8–9; Sir 24) sehen in der Gestalt der (Frau) Weisheit ein Sinnbild für Gottes Zustimmung zu allem Geschöpflichen. Sein klarstes, sein dichtestes Wort der Zustimmung zu seiner Schöpfung sprach Gott in Christus Jesus, in dem Gekreuzigten, den Paulus als „Gottes Kraft und Gottes Weisheit" verkündigt (1 Kor 1,24).

Jesus hat kurz vor seinem Tod ein letztes Mahl mit seinen Jüngern gefeiert. Die Evangelisten überliefern den Verlauf dieses Mahles zwar nicht gleichlautend, die wesentlichen Aussagen stimmen aber überein. Vor allem ist es sehr gut begründet anzunehmen, dass Jesus das Brot, das er brach und in die Runde reichte, sowie seinen Becher, aus dem er alle trinken ließ, in einen Deutezusammenhang stellte, der bis dahin unvertraut war und deshalb im Gedächtnis blieb. Jesus blickt zurück auf sein Leben, auf seine Sendung, auf seine Verkündigung des Reiches Gottes und auf sein Werben um Gottvertrauen bei den Sünderinnen und Sündern. Jesus fasst seine Lebensbotschaft zusammen, indem er seine Bereitschaft erklärt, auch sein Sterben zu einem Zeichen der unverbrüchlichen Gemeinschaftstreue zu erklären. Gott erbarmt sich derer, die ihn zurückweisen. Jesus nimmt seinen Tod an und begreift ihn als eine Möglichkeit, die unbesiegbare Liebe Gottes am eigenen Leib als glaubwürdig zu erweisen. Das zerteilte Brot und der eine Weinbecher sind Zeichen für den neuen und ewigen Bund Gottes mit allen Geschöpfen. Die Erwählung Israels, die im Wirken des Sohnes Gottes aus dem Haus Davids bestehen bleibt, kommt zum Ziel: Alle Geschöpfe sollen erkennen, wer Gott ist.

Die Evangelien überliefern uns in mehreren Erzählungen, dass der von Gottes Geist zum Leben erweckte, der auferweckte Christus von seinen Jüngern erkannt wurde, als er ihnen ein

Mahl bereitete. Das österliche Mahl ist Sinnbild des Sieges des Lebens über den Tod. Wer essen kann, der lebt. Jesus lebt und hält Mahl mit denen, die ihn wiedererkennen – auch an seinen Wundmalen. Jesu Lebensgeschichte ist nicht ausgelöscht. Gott sammelt alle Tränen im Krug seines Gedächtnisses. Gott steht zu dem, was Jesus verkündigt hat und wofür er mit seinem Leben eingetreten ist. Die österliche Mahlgemeinschaft ist Feier des ewigen Gedächtnisses der heilsamen Sendung des Sohnes Gottes und wirksam erfahrbare Gegenwart des lebendigen Christus. Die neutestamentlichen Schriften verbinden die Rede von der lebendigen Gegenwart Jesu Christi mit der Verkündigung der Wirksamkeit des Geistes Gottes. In den liturgischen Feiern der Kirche bittet die versammelte Gemeinde auch heute um die Nähe Gottes in seinem Heiligen Geist, der allein es vermag, die Mahlgaben zu verwandeln – sie zu einem wirksamen Zeichen der erlösenden Bundeswilligkeit Gottes zu machen, die im Leben und im Tod Jesu den Glaubenden offenkundig wurde.

Das Nachdenken über den Sinngehalt der eucharistischen Feier hat in der christlichen Glaubensgemeinschaft eine lange Geschichte. Die Deutungen, die vorgenommen wurden, tragen die Zeichen ihrer Zeit an sich. Die Kontexte bei der Suche nach Verstehen und die herangezogenen Begriffe waren sehr unterschiedlich – und sie sind es bis heute. In den ökumenischen Gesprächen der Christen über das Verständnis der Abendmahlsfeier und der Eucharistie ist es von besonderer Bedeutung, auf die geschichtliche Bedingtheit aller menschlichen Rede von Gottes Wirksamkeit zu achten. Wir sind vorsichtiger geworden im Urteil über eine allein wahre theologische Lehrgestalt. Zugleich besteht Übereinkunft darin, dass die Deutungen des eucharistischen Geschehens, die in den biblischen Schriften vorgenommen werden, für alle christlichen Kirchen verbindlich sind. Ihre achtsame Kenntnis kann die Verbundenheit in der Gemeinschaft des einen Leibes Christi erfahren lassen (Eph 4,1–4). Christen haben eine gemeinsame Hoffnung: Gott. Sie teilen den einen Glauben an Christus Jesus; er nimmt in der Feier der Taufe Bekenntnisgestalt an. Ein Leib und ein Geist sollen Christen daher sein – verbunden auch in der gemeinsamen Danksagung für Gottes Versöhnungsbereitschaft, die im eucharistischen Mahl zeichenhaft, sinnbildlich gefeiert wird.

Zu den großen und schweren Themen der Eucharistietheologie, die immer wieder auch zum Streit unter den Christen führten, gehört die Aufgabe, sich von der Weise der Gegenwart Jesu Christi im Geschehen der Mahlfeier eine Vorstellung zu bilden. Beim Bedenken dieser Frage ist es wichtig geworden, an das gesamte Leben und Sterben Jesu zu denken, das in der eucharistischen Feier als sinnenhafte Vergegenwärtigung Gottes in das Gedächtnis der Gemeinde tritt. Die in der Theologiegeschichte geschehene, bedauerliche Trennung der Frage nach der Weise der „sakramentalen Gegenwart" Jesu Christi in den Zeichen des Mahles von dem eigens bedachten „Opfercharakter" der Eucharistie wird in jüngerer Zeit problematisiert und korrigiert, da beide Aspekte zusammengehören: Der zum Sterben bereite, in seiner Lebenshingabe die Größe der Liebe Gottes offenbarende Christus Jesus wird lebendig gegenwärtig in der Feier eines Mahles, das Gemeinschaft stiftet. Das „Opfer" ist die Lebenshingabe Jesu. Die „Gegenwart" Jesu Christi wird erfahrbar im Mahl, das Zeichenhandlung der unverbrüchlichen Bundeswilligkeit Gottes ist. Jesus selbst hat die Mahlgaben in diesen Deutezusammenhang gestellt. Ihrem Wesen nach werden Brot und Wein verwandelt, wenn das Gedächtnis Jesu Christi geschieht: Die deutenden Worte gegenwärtigen den ursprungsgetreuen Bezugszusammenhang der von Jesus gestifteten Zeichenhandlung. Die in Gottes Geist geschehende, vergegenwärtigende Erinnerung verwandelt die Mahlgaben im Sinne Jesu. Brot und Wein bleiben als Mahlgaben erhalten, aber ihr Wesen wird ein anderes: Sie sind nun wirksame Zeichen für Jesu Sterbebereitschaft, in der die Tiefe der Liebe Gottes aufleuchtet: Niemand hat eine größere Liebe als der, der sein Leben gibt für seine Freunde (Joh 15,13).

6. Perspektiven

Auf unterschiedliche Weisen ist es möglich, einen Zugang zum Verständnis der christlichen Sakramente zu finden: durch Anleihen bei Symboltheorien, bei den Sozial- und Kommunikationswissenschaften oder bei der Biographieforschung. All diese Sichtweisen widersprechen sich nicht, denn sie können je für sich genommen die ganze Welt des Sakramentalen nicht erfassen.

Der symboltheoretische Ansatz nimmt auf die Fähigkeiten von Menschen Bezug, den Dingen Bedeutung zu geben und diese worthaft erschließen zu können. Das Symbol verhüllt eine in ihm geborgene Wirklichkeit, und gibt zugleich die Gelegenheit, dieses Geheimnis ahnend zu erkennen. Dabei bleibt immer eine auch durch menschliche Worte nicht aufzuhebende Uneindeutigkeit der Symbole. Symbole laden zum Austausch ein, zum Gespräch. Sie stiften Gemeinschaft.

In kommunikativen Handlungen vergewissern sich Gemeinschaften des Sinns ihres Zusammenlebens. Geregelte Versammlungen sind dazu erforderlich, in denen im Dialog, in Wort und Antwort Übereinkunft erzielt werden kann über den Grund der Gemeinsamkeit. Politische Gruppierungen veranstalten Parteitage. Vereine treffen sich regelmäßig und beraten über das Verhältnis zwischen dem vereinbarten Ziel der Begegnungen und dessen Verwirklichung. Nationen pflegen ihr Zusammengehörigkeitsgefühl in den Reden ihrer Repräsentanten und durch Zeichenhandlungen an festgelegten Tagen im Jahreskreis. Auch die sakramentalen Feiern der christlichen Glaubensgemeinschaft entsprechen dem menschlichen Bedürfnis nach einer in wiederholten kommunikativen Handlungen sich erneuernden Gewissheit über den Grund der Gemeinsamkeit. Charakteristisch für die sakramentalen Feiern ist es, dass die Sinnbestimmung der Gegenwart der Gemeinschaft durch das Gedächtnis ihres von Gott gestifteten Ursprungs geschieht.

Die Erfahrung der sinngestifteten Gegenwart lässt zugleich auf die Bewährung des erkannten Gutes in der Zukunft hoffen.

Die Bedeutung der menschlichen Lebensgeschichte zum Verständnis der sakramentalen Feiern ist erst in jüngerer Zeit stärker bewusst geworden. Das Interesse an der Biographieforschung ist heute insgesamt groß. Erstaunlich zahlreiche Autobiographien sind auf dem Büchermarkt. Sie werden oft in der Erwartung gelesen, am Beispiel des Lebens anderer Menschen zu lernen, wie das eigene Glück gelingen oder das erfahrene Elend bestanden werden könnte. Krisenzeiten werden als besondere Gelegenheit wahrgenommen, die Zusammenhänge des Lebens zu erkennen. Interpretationen werden gewagt und Zukunftsperspektiven entwickelt.

7. *Wirksamkeit des Wortes*

Menschliche Worte können eine ganz unterschiedliche Wirkung haben. „Tod und Leben stehen in der Macht der Zunge" (Spr 21,18). Vor Gericht ist das Geschick eines Beschuldigten – auch heute noch – oft auch eine Konsequenz der Worte, die Zeugen über ihn sprechen. Was das Herz plant, bleibt so lange im Verborgenen, bis die Zunge es öffentlich macht und Gutes und Böses, Leben und Tod daraus erwachsen (Sir 37,16–18). Im menschlichen Zusammenleben wandeln die Worte der einen die Wirklichkeit der anderen. Worte können tief verletzen, und sie können Wunden heilen. Worte können aufrichten, und Worte können niederdrücken. Worte können Verbindungen schaffen und Trennungen bewirken.

Evangelische Theologen bedenken mit großer Sensibilität, dass die sakramentalen Zeichenhandlungen durch das deutende Wort wirksam werden. Erst im worthaft erschlossenen Zusammenhang der Heilstaten Gottes gewinnen die Sakramente die Bedeutung, die ihnen angemessen ist. Wortverkündigung und Feier der Sakramente stehen nicht in Konkurrenz zueinander.

Sie erfordern sich vielmehr gegenseitig, soll Gottes Zusage für die Menschen ein-deutig werden.

Die sakramentale Feier kann als ein Wortgeschehen betrachtet werden, in dem die dreifache Zeitstruktur des menschlichen Daseins in Erscheinung tritt: (1) Die sakramentale Feier ist ein Wort des Gedächtnisses. Angesichts der Brüchigkeit des Daseins bewirkt das Gedächtnis der Heilstaten Gottes in der Geschichte die begründete Hoffnung, Gott wolle für alle alles zum Guten wenden. (2) Zugleich wird in der sakramentalen Feier ein Wort der Wandlung gesprochen. Die dunkle Not der Gegenwart lichtet sich. Das Leben wird erträglicher, der Glaube fester, die Liebe entschiedener. (3) Schließlich erklingt auch ein Wort der Verheißung, ein Wort für die ausstehende Zukunft. Die sakramentalen Feiern beschönigen das Leben nicht. Sie konfrontieren mit Sünde und Tod. Aber sie lassen die Suchenden nicht allein mit den Fragen, die das Leben uns stellt. Gott ist immer schon auf dem Weg zu uns. Er läuft uns entgegen wie jener Vater, der den vermeintlich verlorenen Sohn von Ferne bereits erblickt (Lk 15). Gottes Kommen ist unsere Zukunft, die im Glauben bereits Gegenwart ist. Diese Hoffnung hat ihren Grund in Christus Jesus. Sie bewährt sich in der Gegenwart des Geistes Gottes. In diesem Bekenntnis sind alle Christen eins.

c) *Taufe und Eucharistie in der orthodoxen Kirche*

Daniel Benga

Inhalt

Die östlichen oder orthodoxen Kirchen verwenden für den Begriff der Sakramente das Wort ‚Mysterium‘ (übersetzt: Geheimnis) und drücken hiermit den letztlich rational unbegreiflichen Charakter dieser liturgischen Handlungen aus.

Seit dem Mittelalter wurde die Zahl der Mysterien / Sakramente auf sieben festgelegt. Drei davon (die Taufe, die Myron-Salbung und die Ersteucharistie) erfolgen heute nacheinander in einem Ritual sowohl bei der Kindertaufe als auch bei der Erwachsenentaufe.

Die Eucharistie (mit der Kommunion) gilt als Zentrum aller Mysterien. Die Gaben von Brot und Wein werden in der Göttlichen Liturgie (orthodoxe Feier der Eucharistie) durch die Anrufung des Heiligen Geistes zu Leib und Blut Christi verwandelt. Die Eucharistieteilnehmer werden durch den Kommunionsempfang zu Gottesträgern und sind damit beauftragt, entsprechend im Alltag zu handeln.

Die orthodoxe Theologie benutzt für die Bezeichnung der Sakramente den griechischen Begriff „Mysterium“ (mysterion), um den von den Menschen nie vollständig begreifbaren Charakter dieser liturgischen Handlungen zu unterstreichen. Ein Mysterium sperrt sich eigentlich gegen jede Definition und übersteigt den Horizont der rationalen Erkenntnis, darum werden die Mysterien in der orthodoxen Theologie eher beschrieben als definiert. Während man in den westlichen Kirchen nach dem notwendigen Minimum an rituellen Elementen für den Vollzug eines Sakramentes fragt, unterstreicht der Osten das geheimnisvolle Handeln Gottes durch alle Mysterien und geht nicht von einem Minimum, sondern von der Fülle der Riten aus[9].

Die Mysterien der Kirche beruhen auf einem Urmysterium, auf der Heiligen Dreieinigkeit als liebevolle Gemeinschaft von drei göttlichen Personen, die sich von Ewigkeit her in einer Liebesbeziehung befinden und den Menschen nach ihrem Bild geschaffen haben (Gen 1,26)[10]. Das nächste Großmysterium und Zentrum des Glaubens ist Jesus Christus, der Gott-Mensch, der das Heilswerk Gottes durch seine Menschwerdung, sein Wirken in der Welt bis in den Tod hinein sowie durch seine Auferstehung und Aufnahme in die Herrlichkeit vollbracht hat. In ihm ist jenes Mysterium Wirklichkeit geworden, das von Ewigkeit her in Gott, dem Schöpfer des Alls, verborgen war (Eph 3,9; vgl. Kol 1,26; Röm 16,25; 1 Kor 2,7), nämlich dass die gesamte Schöpfung, mit dem Mensch als ihre Krone, in der Liebe Gottes begründet ist und dank dieser Liebe existiert.

Die Welt selbst als Schöpfung Gottes wird zu einem transparenten Mysterium von Gottes Wirken und der Mensch selbst trägt in seiner Ebenbildlichkeit viele nie vollständig begreifbare Mysterien in sich. Diese Mysterien sind aber Teil des Heilsplans, der durch das Wirken Christi vollbracht wurde. Um unsere gefallene Welt von der Sünde und vom Tod zu erlösen, wird das Werk Christi nach seiner Auferstehung durch den Vollzug der Mysterien in der Kirche fortgesetzt. Darum können wir die Kirche als ein von Gott selbst durch den Heiligen Geist gegründetes Instrument für die Fortführung dieser Geschichte der Liebe Gottes in der Welt verstehen. Da Liebe immer Gemeinschaft und Hingabe bedeutet, vermitteln alle Mysterien der Kirche die Gnade Gottes, die alle Mitglieder des Leibes Christi zur Liebe untereinander bestärkt. Die Liebe hat aber als wichtige Eigenschaft auch ein ewigsein, sie will ewig dauern, ohne Ende sein, sie „hört niemals auf" (1 Kor 13, 8). Darum brauchen wir Menschen eine Unterstützung vonseiten Gottes, um über den Tod hinaus zu kommen, um in einer ewigen Beziehung mit ihm und mit unseren Lieben zu sein.

Die Mysterien sind also die von Christus selbst gegründeten und hinterlassenen Mittel, die uns dazu verhelfen, die Zerbrechlichkeit unserer begrenzten irdischen Existenz zu transzendieren. Die Taufe führt uns zusammen mit Christus über den Tod hinaus, weil sie Tod und Auferstehung in Christus bedeutet. Durch die Myronsalbung (Firmung oder Konfirmation im Westen) erhalten wir die Gaben des Heiligen Geistes und kommen in seine Geborgenheit. In der Eucharistie transzendiert der Mensch das irdische Dasein, indem er sich mit Christus durch die Kommunion vereinigt und damit Zugang zum ewigen Leben Gottes hat. Dadurch haben alle Mysterien der orthodoxen Kirche einen österlichen Charakter. Ostern kommt aus dem hebräischen „Pessach" und bedeutet Übergang oder Hinübergang. Durch liturgische Vollzüge und materielle Elemente vermitteln die Mysterien in unbegreiflicher Weise eine Übersteigung des irdischen Lebens und eine innige Beziehung zu Gott. Wir empfangen die Mysterien, weil wir nicht sterben, sondern für immer mit Gott und unseren Lieben weiter leben wollen. Die Mysterien stillen und erfüllen unsere Sehnsucht nach Ewigkeit.

1. Die Zahl der Mysterien in der orthodoxen Theologie

Die orthodoxe Theologie zählt heute sieben Mysterien: Taufe, Myronsalbung, Eucharistie, Beichte, Ordination bzw. Priesterweihe, Trauung und Krankensalbung. Die griechische Tradition kannte aber in der Antike und im Mittelalter weitere Mysterien, zu denen z. B. auch die Mönchsweihe und die Sterbegebete gezählt wurden, wie bei Pseudo-Dionysius Areopagita, einem christlichen Autor des 5. Jahrhunderts. Im späten Mittelalter hat die orthodoxe Theologie die Zahl der Mysterien auf sieben festgelegt. Dies geschah im Dialog und in der Auseinandersetzung mit der westlichen Theologie, die in der Reformationszeit lange über die Anzahl der Sakramente debattiert hat. In seinem Dialog mit den lutherischen Theologen von Tübingen in den Jahren 1573–1581 setzte Patriarch Jeremias II. von Konstantinopel die Siebenzählung der Mysterien als selbstverständlich voraus. Diese Zählung wurde dann in den orthodoxen Bekenntnisschriften des 17. Jahrhunderts festgelegt und ist bis heute in der orthodoxen Theologie unverändert geblieben.

Die Taufe, die Myronsalbung und die Ersteucharistie werden heute in einem Ritus nacheinander als Initiationsmysterien vollzogen. Als Höchstes aller Mysterien betrachtet man die Eucharistie. Die Taufe und die Myronsalbung befähigen den Menschen zum Empfang der Eucharistie. Die Beichte als Sündenbekenntnis und -vergebung, aber auch die Krankensalbung erneuern den Menschen und machen ihn bereit für einen würdigen Empfang des Leibes und des Blutes Christi. Das Weihemysterium strukturiert die eucharistische Gemeinschaft durch das Einsetzen von unterschiedlichen Amtsträgern in der Kirche: Bischöfe, Priester und Diakone. Die Ehe als Gemeinschaft von Mann und Frau, in deren Mitte sich Christus befindet, vollendet sich ebenfalls in der Teilnahme des Ehepaares an der heiligen Kommunion. Dieses Verständnis hat dazu geführt, dass mehrere orthodoxe Theologen die Eucharistie nicht als eines der Mysterien der Kirche, sondern als Quelle, Mittelpunkt und Ziel aller Mysterien oder als Hauptmysterium der orthodoxen Kirche verstanden haben.

2. *Das Mysterium der Taufe in der orthodoxen Theologie und Praxis*

Die orthodoxe Kirche vollzieht gegenwärtig alle drei Sakramente zur Aufnahme in die Kirchengemeinschaft – Taufe, Myronsalbung und Ersteucharistie – in einem einzigen Ritus. Damit bewahrt sie die alte Tradition der ungeteilten Kirche von Ost und West ununterbrochen bis in unsere Tage, so wie sie von den wichtigsten Kirchenvätern[11] des 3.-4. Jahrhunderts überliefert wurde[12].

2.1 Der Taufritus und seine theologische Auslegung

Die Hauptelemente des orthodoxen Taufgottesdienstes sind in der Reihenfolge des Vollzugs die Gebete zum Abschluss der Riten auf die Vorbereitung auf die Taufe, die Absage an das Böse, das Bekenntnis zu Christus in der Form des nizäno-konstantinopolitanischen Credos, die Weihe des Taufwassers und des Öles, das Untertauchen des Kindes im Wasser mit trinitarischer Taufformel, die Myronsalbung, die Lesung der Epistel (Röm 6, 3–12) und des Evangeliums (Mt 28, 16–20), die Gebete bei der Abwaschung des Kindes sowie beim Abschneiden der Haare und die Erstkommunion[13]. Das dreimalige Untertauchen des Täuflings im Wasser ist der Kern des Vollzugs. Dabei wird folgende Formel gesprochen: „Getauft wird der Knecht (die Magd) Gottes N.N. im Namen des Vaters und des Sohnes und des Heiligen Geistes". Der Bischof bzw. der Priester als Spender der Taufe drückt durch diese passive Formel aus, dass nicht er die Taufe vollzieht, sondern Gott selbst als Dreieinigkeit. In einem Notfall können auch Laien (also nicht-Geistliche Christen) die Taufe verrichten, aber wenn das Kind überlebt, muss das Mysterium der Taufe durch einen Priester vervollständigt werden. Die orthodoxe Tradition unterstreicht sehr stark die Bedeutung des Untertauchens des Täuflings, weil damit symbolisch auch das wichtigste Ergebnis der Taufe im Ritus selbst sichtbar wird: Sterben (Untertauchen) und Auferstehen (Auftauchen) mit Christus. Es geht also um eine neue Geburt, die auch die Vergebung der Sünden, die Einfügung in den Leib Christi und die Gewährung der Gotteskindschaft als weitere Tauffolgen hat. Diese Einverleibung in den Leib Christi ist nach der orthodoxen Theologie unwiederholbar. Die möglichen Sünden, die nach der Taufe begangen werden können, werden durch das Mysterium der Beichte vergeben, damit jedes Mitglied die Gemeinschaft mit der Kirche wiederherstellen kann.

Im Rahmen des gleichen Ritus wird auch die Myronsalbung durch eine kreuzförmige Salbung von Stirn, Augen,

Nase, Mund, Ohren, Brust, Händen und Füßen vollzogen. Das Myron als Salböl besteht aus mehr als 30 verschiedenen Ölen und Duftstoffen und wird von der Synode jeder kirchenrechtlich unabhängigen orthodoxen Kirche geweiht. Anders als in der römisch-katholischen Kirche kann in der orthodoxen Kirche neben dem Bischof auch der Priester in seinem Namen die Ölung durchführen. Jede Gemeinde empfängt dafür vom zuständigen Bischof das Myron. Die bei der Salbung benutzte Formel „Siegel der Gabe des Heiligen Geistes" vermittelt dem Neugetauften die Charismen des Geistes oder Geistesgaben (vgl. 1 Kor. 12 und 14; Gal 5), die er für sein geistliches Wachstum braucht.

Fassen wir die ganze spirituelle Bedeutung der Initiationsmysterien zusammen, geht es zuerst um die Befreiung des Menschen aus der dämonischen Macht als Anfang der Erneuerung. Das Unter- und Auftauchen aus dem Taufwasser ist als Sterben und Auferstehen mit Christus der Anfang eines ewigen Lebens mit Christus. Die Myronsalbung ist der Empfang der Charismen (Gaben) des Heiligen Geistes. Die Ersteucharistie ist die eigentliche Aufnahme Christi durch seinen Leib und sein Blut im Neugetauften[14].

2.2 *Warum und wie praktiziert die orthodoxe Kirche die Kindertaufe*

Üblicherweise wird die Kindertaufe heute in der gesamten orthodoxen Welt verrichtet. Die Begründung dafür entnimmt die Orthodoxie der alten Tradition der Kirche, die bereits in den ersten Jahrhunderten diese Praxis aufweist. Die biblische Grundlage für die Kindertaufe ist die Aussage Christi in seinem Gespräch mit Nikodemus: „Wenn jemand nicht aus dem Wasser und dem Geist geboren wird, kann er nicht in das Reich Gottes kommen" (Joh 3,5). Darum betrachtet die orthodoxe Theologie die Taufe als heilsnotwendig. Kinder, die vor ihrer verschobenen Tauffeier sterben, verlieren die Möglichkeit, in Christus und mit Christus für die Ewigkeit „aus Wasser und Geist“ geboren zu werden.

Die Kinder werden in der rumänischen Tradition üblicherweise ungefähr 40 Tage nach ihrer Geburt getauft. In der heutigen Zeit gibt es immer mehr Familien, die die Tauffeier erst nach zwei oder drei Monaten nach der Geburt des Kindes oder sogar noch später stattfinden lassen. Das dreimalige Untertauchen eines kleinen Kindes benötigt viel Geschick vonseiten des Zelebranten. Die kleinen Babys bekommen anschließend bei der Ersteucharistie nur ein Tröpfchen Wein auf die Lippen und ein Partikelchen Brot (Hostie) in den Mund. Die Taufpaten spielen beim Vollzug des Ritus eine wichtige Rolle, weil sie insbesondere das Glaubensbekenntnis im Namen des Täuflings sprechen.

Die Eltern entscheiden, ob das Kind getauft wird oder nicht. Damit bekommt es eine religiöse Identität, die in der Tradition der Familie steht, aber die Möglichkeit einer späteren Änderung dieses Glaubens infolge anderer Überzeugungen offen lässt. Es gibt heute auch Familien, die dem Kind selbst im Erwachsenenalter eine Entscheidung bezüglich der religiösen Identität überlassen und es nicht taufen lassen[15].

Es gibt selbstverständlich auch die Erwachsenentaufe, die aber in der orthodoxen Welt nicht oft vollzogen wird, weil die Kindertaufe bis heute eine sehr lebendige Praxis geblieben ist und fast alle Orthodoxe ihre Kinder taufen lassen. Der gesamte Gottesdienst dauert sowohl bei Kindern als auch bei Erwachsenen etwa eine Stunde und wird üblicherweise nach der Göttlichen Liturgie durchgeführt. In der rumänischen Diaspora gibt es derzeitig Bestrebungen, die Taufe und die Myronsalbung in die Göttliche Liturgie zu integrieren, damit die Tauffeier nicht nur ein Privatakt der Familie bleibt, sondern zu einer gemeinsamen Feier der ganzen Gemeinde wie in der Tradition der alten Kirche wird. Man könnte das ganze Ritual in 30 Minuten in einer Ecke der Kirche mit einem Priester und einem Sänger verrichten. Die Erneuerungsversuche knüpfen an die Theologie der Kirchenväter an, die in der Taufe ein Mysterium der gesamten Kirche vor Ort sahen.

3. *Eucharistie und Empfang der Kommunion*

Die Eucharistie wird in der orthodoxen Theologie als Zentrum oder als das Höchste aller Mysterien betrachtet. Das in der Taufe empfangene neue Leben wird durch die in der Myronsalbung mitgeteilte Gnade und durch die Charismen des Heiligen Geistes weiter entwickelt und vertieft. Zur Vollendung kommt das neue Leben aber erst in der völligen Vereinigung mit Christus in der Eucharistie, die als Mysterium „des Endes oder der Vollkommenheit“[16] betrachtet wird.

3.1 *Die Realpräsenz Christi in der Eucharistie*

Die Eucharistie kann in der orthodoxen Kirche allein vom Bischof oder vom Priester im Rahmen der Göttlichen Liturgie vollzogen werden. Auch die Spendung der Kommunion findet üblicherweise nur innerhalb der Liturgie statt, mit Ausnahme der Krankenkommunion, die auch außerhalb dieses Rahmens möglich ist. Die Realpräsenz Christi in der Eucharistie ist eine Hauptlehre und ein kraftvolles Bekenntnis der Orthodoxie, die daran glaubt, dass die eucharistischen Gaben von Brot und Wein durch die liturgischen Gebete in Leib und Blut Christi verwandelt werden. Diese Verwandlung ist irreversibel wie die Menschwerdung Christi selbst und sie geschieht durch die Anrufung des Heiligen Geistes. Das ist ein zentraler und unverzichtbarer Akt der Göttlichen Liturgie und bildet den Höhepunkt des eucharistischen Hochgebetes, in dem der Vater gebeten wird, seinen Heiligen Geist auf die Gaben herabzusenden, damit er das Brot in den Leib und den Wein in das Blut Christi verwandelt.

Die orthodoxe Theologie versucht das „wie“ dieser Verwandlung nicht zu beantworten. Sie bleibt bei der Überzeugung, dass wir durch die geweihten Gaben von Brot und Wein den Leib und das Blut Christi empfangen, ohne die Art und Weise oder das Mysterium ihrer Verwandlung mit unserem Verstand begreifen zu können. Der heilige Cyrill von Jerusalem (313–386) deutete dieses Mysterium den Neugetauften bereits im 4. Jahrhundert wie folgend:

> „Er selbst (Christus) also erklärte es und sprach über das Brot: «Das ist mein Leib» – wer wird da noch wagen zu zweifeln? Er selbst hat es versichert und gesagt: «Das ist mein Blut» – wer wird da noch Bedenken haben und sagen, es sei nicht sein Blut?. [...] Sieh das Brot und den Wein also nicht als etwas Gewöhnliches an. Denn sie sind – nach Aussage des Herrn – Leib und Blut. Wenn die Wahrnehmung dir auch jenes nahelegt – der Glaube gebe dir Sicherheit. Beurteile diese Sache nicht nach dem Geschmack! Sei vom Glauben her fest überzeugt, dass du des Leibes und Blutes Christi gewürdigt worden bist!“[17].

Diese Auffassung ist bis heute in der orthodoxen Theologie normativ geblieben.

3.2 *Die Früchte der Kommunion*

Nach dem Hochgebet der am häufigsten im Kirchenjahr gefeierten Chrysostomos-Liturgie erhalten diejenigen Teilnehmer, die die Kommunion empfangen, die folgenden Gaben: die Nüchternheit der Seele, die Vergebung der Sünden, den Freimut vor Gott, die Gemeinschaft des Heiligen Geistes und die Fülle des Himmelreiches[18]. Diese Früchte der Eucharistie bedeuten eigentlich den Eintritt der Empfänger durch das Wirken des Heiligen Geistes in die Sphäre der göttlichen Liebe. Diese innige Vereinigung mit der Heiligen Dreieinigkeit bedeutet letztlich ein tiefes Eingebundensein in das göttliche Leben, das zwischen Gott und den Menschen besteht.

Die nur zehn Mal im Kirchenjahr gefeierte Basilius-Liturgie zählt zu den Früchten der Kommunion auch die Vereinigung der Teilnehmer untereinander durch die Gemeinschaft des *einen* Heiligen Geistes[19]. Sie bringt damit eine wesentliche Eigenschaft der orthodoxen Liturgie zum Ausdruck, nämlich ihren gemeinschaftsstiftenden Charakter. Indem wir Christus eucharistisch in uns tragen, verwirklichen wir damit die Zusammenführung vieler Menschen zu einem Leib. Die so durchgeführte Gemeinschaft unter den Menschen, die in einer säkularen und individualistischen Konsumgesellschaft leben, scheint „der wichtigste Beitrag des Gottesdienstes an die Welt zu sein“[20]. Zugleich sollen die erlangten Früchte der Eucharistie und diese von Gott geschenkte Gemeinschaft über die liturgische Versammlung hinaus getragen werden, als eine „Liturgie“ (als Dienst am Volk verstanden) gemäß der Göttlichen Liturgie.

3.3 Vorbereitung und Zulassung zur Kommunion

Der Empfang der Kommunion ist in der orthodoxen Kirche nicht spontan möglich, sondern nur nach einer ausführlichen Vorbereitung. Zur Kommunion werden nur diejenigen Christen zugelassen, die den orthodoxen Glauben in seiner Ganzheit bekennen. Die „eucharistische Gastfreundschaft“ für Christen anderer Konfessionen ist damit nicht möglich. Das leitende Prinzip für eine gemeinsame Eucharistie ist in der Orthodoxie die vollständige Einigkeit im Glauben. Dies bedeutet die offizielle Annahme der Entscheidungen der sieben ökumenischen Konzilien und der von den Kirchenvätern formulierten Kirchenlehre auf der Grundlage der Heiligen Schrift.

Die Laien dürfen die Kommunion nur nach ausdrücklicher, in vielen Gemeinden in der Beichte erteilten, Zulassung des Bischofs oder des Priesters empfangen. Schwerwiegende Sünden, wie Mord oder Abfall vom Glauben, führen für einen bestimmten Zeitraum zum Ausschluss von der Kommunion. In manchen orthodoxen Kirchen gelten eine Woche oder einige Tage Fasten und gehäufter Gottesdienstbesuch zu den Voraussetzungen für die Zulassung zur Kommunion. Hinzu kommen die sexuelle Enthaltsamkeit sowie der Verzicht auf Essen und Trinken in jeder Form von Mitternacht an. Es gibt auch Gemeinden, in denen nur sechs Stunden Nüchternheit vor dem Empfang der Kommunion verlangt werden. Es gibt natürlich Ausnahmen von all diesen Vorschriften: Kinder, Kranke, alte Menschen etc. Trotz dieser offenbaren Strenge in der Handhabung der Zulassung zur Kommunion gibt es in der orthodoxen Spiritualität einen großen Spielraum. Dieser wird in der freien und liebevollen Beziehung des geistlichen Vaters zu seinen geistlichen Töchtern und Söhnen sehr individuell und im gemeinsamen Einverständnis bestimmt.

4. *Schlussfolgerung: die Mysterien als Einwohnung Gottes in den Menschen*

Der berühmte Theologe Nikolaos Kabasilas aus Thessaloniki (14. Jh.) hat uns eine der schönsten und tiefsten Beschreibungen der Wirkung aller drei oben beschriebenen Mysterien in jedem Gläubigen hinterlassen:

> „Zwar ist er (Christus) in jedem der Mysterien, in ihm selbst werden wir ja gesalbt und gewaschen, so wie er selbst uns zur Speise wird. Gleichwohl ist er nicht auf die gleiche Weise in jedem Mysterium bei den Eingeweihten, ihnen das Seine zu übergeben. Sondern, wenn er wäscht, entfernt er den Schmutz der Bosheit und verleiht ihnen

> seine eigene Gestalt; wenn er salbt, lässt er wirksam werden die Energien des Pneuma [Geist], deren Schatztruhe er selber des Fleisches wegen geworden ist. Wenn er aber an den Altar führt und seinen Leib zu essen gibt, dann wandelt er den Eingeweihten ganz und gar um und versetzt ihn in seinen eigenen Zustand. Der Lehm ist nicht mehr Lehm, wenn er das königliche Bild angenommen hat, vielmehr ist er selbst schon Leib des Königs. Etwas Seligeres lässt sich nicht denken. Darum auch ist dies das abschließende Mysterium, denn darüber hinaus kann man nicht mehr weiter vordringen, kann nichts mehr hinzukommen. Das erste (Mysterium) verlangt offenbar das mittlere und das mittlere das letzte. Nach der Eucharistie aber bleibt uns nichts mehr, dem wir nachzugehen hätten, als nur: dort stehenzubleiben und zu suchen und zu schauen, wie man den Schatz bis ans Ende bewahren kann".[21]

Christus selbst wirkt in der Seele und dem Leib eines Menschen in jedem Mysterium, aber nicht auf gleiche Weise. In der Taufe entfernt er den Schmutz der Sünde und gibt dem Menschen bereits eine göttliche Gestalt. In der Myronsalbung vermittelt er die Gaben des Heiligen Geistes (vgl. Gal 5, 22–25). Vollständig geschieht die Einwohnung Gottes in uns durch die Eucharistie. Wir sind zuerst Gottes Gäste in der Kirche bei der Liturgie, aber indem wir seinen Leib essen und sein Blut trinken, werden wir seine Gastgeber. Die Menschen als Gäste Gottes werden durch die Kommunion die Gastgeber Gottes. Gott selbst wird auch vom Gastgeber zu unserem Gast. Zu einer größeren Erfahrung kann ein Mensch nicht gelangen. Darum ist dies für Nikolaos Kabasilas „das abschließende Mysterium" und die Aufgabe des Menschen ist nun einfach „dort stehenzubleiben" und „den Schatz" bis ans Ende seines Lebens zu bewahren.

Die Rede Jesu Christi in der Synagoge von Kafarnaum über das Himmelsbrot bildet die biblische Grundlage für diese hohe Wertschätzung der Eucharistie in der orthodoxen Tradition:

> „Wenn ihr das Fleisch des Menschensohnes nicht esst und sein Blut nicht trinkt, habt ihr das Leben nicht in euch. Wer mein Fleisch isst und mein Blut trinkt, hat das ewige Leben und ich werde ihn auferwecken am Jüngsten Tag. Wer mein Fleisch isst und mein Blut trinkt, der bleibt in mir und ich bleibe in ihm" (Joh 6, 53–54, 56).

Der heilige Märtyrer Ignatius von Antiochien (2. Jhdt.) hat dieses Eucharistieverständnis in einer aussagekräftigen Wendung zusammengebracht, als er die Eucharistie „Arznei der Unsterblichkeit"[22] genannt hat.

Gott kann unsere Seele sicherlich in vielerlei Hinsicht berühren und mit uns in Kontakt und Gemeinschaft treten, z. B. wenn wir beten, wenn wir sein Wort lesen oder hören, wenn wir das Herzensgebet „Herr Jesus Christus, Sohn Gottes, erbarme dich unser!" sagen etc. Wir können ihn auch in unserem Nächsten finden, in den Mitbrüdern, für die Christus auch verstorben ist. Die Eucharistie bleibt aber in der orthodoxen Spiritualität der Gipfel der Gotteserfahrung auf der Erde, aber zugleich auch die Quelle, die zur Nächstenliebe befähigt. Üblicherweise sind die Christen zufrieden, dass sie die Eucharistie empfangen haben und betrachten dies als eine Erfüllung und ein Ende. Der Empfang der Kommunion soll aber nicht als Ende unserer Begegnung mit Gott betrachtet, sondern als Anfang eines neuen Lebens in Christus verstanden werden. Apostel Paulus drückt diese mystische Erfahrung deutlich aus: „Nicht mehr ich lebe, sondern Christus lebt in mir" (Gal 2, 20). Wenn Christus in mir lebt, bin ich ein Gottesträger und muss in meinem Alltag entsprechend handeln. Meine Augen werden seine Augen und durch sie werde ich die ganze Welt und alle Menschen sehen. Meine Gedanken werden göttlich, meine Füße wandeln auf dem Weg Gottes, meine Hände führen die Werke Gottes aus. Meine ganze Denk- und Lebensweisen sind verwandelt und die ganze Welt wird zu einem Raum der Liebe und der Hingabe, damit das Reich Gottes immer näher rückt.

8. Jesu Auferstehung von den Toten. Eine orthodoxe Stellungnahme

Konstantin Nikolakopoulos

Inhalt

Der „leiblich auferstandene Jesus" ist keine oberflächliche Redefigur der Kirchenprediger und auch kein spekulativer Glaube von naiven Christen. Dieser Ausdruck hat einen ganz anderen vorherrschenden Begriff als stabilen Hintergrund und trägt diesen stets mit sich, nämlich: die eschatologische, also endzeitliche „Erlösung des Menschen". Daher zeigt die historische Tatsache der Auferstehung des Sohnes Gottes lebenswichtige Konsequenzen für die Erlösung des ganzen Menschengeschlechtes.

Als „Orthodoxie" bezeichnet man jene Kirchen, die sich in der östlichen Hälfte des Römischen Reiches bildeten und als untereinander einträchtige Kirchenfamilie seit dem Jahre 1054 in einer Spaltung mit den westlichen christlichen Kirchen (= dem Westen) leben. Die orthodoxe Kirche wird mit Recht als „die Kirche der Auferstehung" bezeichnet und beobachtet mit Sorgfalt die im Westen hie und da erhobenen Stimmen gegen die tatsächliche leibliche Auferstehung Jesu. Für das orthodoxe Verständnis bedeutet die Tatsache der leiblichen Auferstehung Jesu Christi sowohl den Sieg des Göttlichen über den vergänglich machenden Tod und die triumphale Bestätigung des Lebens als auch die dazu eröffnete Perspektive auf unsere tatsächliche Auferstehung und damit unsere ganzheitliche Aufnahme in das Leben Gottes.

Einführendes

Die tatsächlich und nicht lediglich in einer Visions- und Phantasiewelt der gläubigen christlichen Kirche stattgefundene leibliche Auferstehung des von Gott gesandten Erlösers kennzeichnet seit jeher den Glauben und das Leben der Orthodoxen Kirche. Ihre von Zeit zu Zeit in Frage gestellte Geschichtlichkeit ist dem westlichen Rationalismus geschuldet. Im Gegensatz zu manchen ausschließlich durch die menschliche Vernunft geprägten Charakteristika der westlichen Denk- und Lebensweise räumt der orthodoxe Denkgeist der göttlichen Offenbarung, d. h. das sich Zeigen Gottes an die Menschheit und allgemein der Gegenwart des Göttlichen in der weltlichen Geschichte einen respektvollen Platz ein. In der Theologie der Ostkirche spielt immer der transzendente Gott im Laufe der weltlichen Geschichte die grundlegend(st)e Rolle, wobei der göttliche Heilsplan die Menschheit in allen ihren Dimensionen umrahmt.

Um gemäß dieser Denkweise ein möglichst präzises Bild der orthodoxen Einstellung zur leiblichen Auferstehung Jesu zu skizzieren, wird im Weiteren dieses Ereignis im Rahmen von drei Aspekten behandelt: Erstens legen die wissenschaftliche Theologie und konkreter die orthodoxe Text-Interpretation und -Auslegung ihr diesbezügliches Zeugnis ab. Zweitens werden die Rolle und Funktion der Auferstehung innerhalb des liturgischen Lebens, der Zeremonien und Riten weiter erläutert und drittens wird ihr Platz im Glauben und in der standhaften Überzeugung der Orthodoxen Kirche dargelegt.

Überlegungen über die theologische Deutung (Exegese) der Auferstehung

In diesem Abschnitt wird die leibliche Auferstehung Jesu als wahres Ereignis im Rahmen der wissenschaftlichen Theologie und konkreter der orthodoxen Auslegung der neutestamentlichen Grundbotschaft behandelt. Es ist für die orthodoxe Hermeneutik (Texterklärung) kennzeichnend, dass sie sich, allen bekannten wissenschaftlichen Methoden bedienend, der Person Jesu auch unter Berücksichtigung des überlieferten Glaubens der Kirche zu nähern versucht. Es ist nämlich eine Selbstverständlichkeit, dass die orthodoxe Bibelinterpretation (Exegese) im Grunde genommen nur im Rahmen und in Übereinstimmung mit der christlichen Tradition und dem kirchlichen Leben betrieben wird. Ohne die modernen Auslegungsmethoden, die seit dem 16. Jh. bis heute entwickelt wurden, zu ignorieren, bleibt die orthodoxe Exegese eine Funktion *innerhalb der Kirche*. Sowohl Philologie und Geschichtlichkeit als auch Typologie und Allegorie werden zum Verständnis der neutestamentlichen Texte herangezogen, aber nicht als Selbstzweck. Nach dem „historischen" Jesus wird ebenso wie nach dem „mythologischen" Jesus oder dem „Jesus des Glaubens" gefragt — also des Jesus, wie er von den Evangelisten dargestellt wird. In diesem Zusammenhang muss man sich stets die Tatsache vor Augen halten, dass die neutestamentlichen Texte keine geschichtlichen Abhandlungen, sondern „Evangelien", mit anderen Worten Glaubenszeugnisse sind.

Bei der Frage nach der Geschichtlichkeit der leiblichen Auferstehung Jesu stehen sich im Großen und Ganzen zwei Faktoren gegenüber: Auf der einen Seite die schon seit den ersten Tagen nach dem Tod Jesu überlieferte Überzeugung der Jünger und der anderen Gläubigen und darüber hinaus der kontinuierliche Glaube der Kirche durch die Jahrhunderte bis zum heutigen Tag. Auf der anderen Seite die sich in den letzten Jahrzehnten entwickelnde und systematisierte moderne, historische Methode, die sich mittels vorgeblich neuer historischer „Entdeckungen" zu behaupten vermag.

Das Neue Testament stellt keinen rein geschichtlichen Bericht der damaligen Zeit, sondern eine Beschreibung der Verwirklichung der Erlösung durch die Menschwerdung Christi dar. Die orthodoxe Erkenntnislehre berücksichtigt dabei sowohl den Aspekt der göttlichen Offenbarung als auch das übernatürliche Element des Christentums nämlich das Eindringen des Göttlichen in die weltliche Geschichte. Dadurch grenzt sich das Christentum stark von allen Religionen der Welt ab. Dieses Eindringen des Göttlichen in die Welt und daher auch in die menschliche Geschichte, von der Menschwerdung Jesu, der zweiten Person der Heiligen Dreieinigkeit, seiner irdischen Lehr- und Wundertätigkeit, seinem Leiden bis zu seinem Tod und seiner Auferstehung, sollte mit der einfachen, profanen Geschichte nicht gleichgesetzt werden. Das bedeutet aber nicht, dass das Ganze keine Realität gewesen sei oder keine Geschichtlichkeit aufweist. Es handelt sich einfach um die Heilsgeschichte schlechthin, also um die für die Menschen erlösende Realität, mit der man aber mittels der bloßen Vernunft wenig oder gar nichts anfangen kann. Dieses Heilsmysterium ist ganz gewiss kein Mythos, sondern geschichtliche Tatsache, die eine sehr gewichtige Voraussetzung für unsere ganzheitliche Aufnahme ins Göttliche und daher unsere garantierte Erlösung bildet.

Die biblischen Bücher, auf die wir noch heute angewiesen sind, wollen uns uneingeschränkt das Heilswerk Jesu vermitteln. Die neutestamentlichen Schriftsteller haben sich darum bemüht, ausschließlich die Predigt über die Erlösung auch anhand einiger historischer Momentaufnahmen des irdischen Lebens Jesu schriftlich festzuhalten und es damit weiter zu tradieren. Sie wollten jedoch kein geschichtliches Porträt oder eine ausführliche Beschreibung bzw. Prosopographie des Meisters abfassen.

Der Versuch eines wissenschaftlichen Beweises der leiblichen Auferstehung Jesu erweist sich also als sinnlos, weil uns unsere einschlägigen Schriften und überhaupt unsere Quellen keine wesentliche Hilfe dazu bieten. Mit historischen Argumenten und mutmaßlichen Belegen darf nicht operiert werden, denn die beweisbare Geschichte, d.h. die uns überlieferten Berichte über das irdische Leben Jesu, hört mit dem Tod Jesu auf. Selbstverständlich gehört die Geschichte von der leiblichen Auferstehung von den Toten nicht mehr zur irdischen Geschichte Jesu von Nazareth. Dennoch scheint diese Auferstehung das Ziel dieser Geschichte Jesu Christi zu sein; ein Ziel, auf das alles hinausläuft und von dem her sowohl die Person als auch das irdische Wirken Jesu erst voll erfasst werden können.

Das Ereignis und die zeitlichen Momente der tatsächlichen leiblichen Auferstehung Gottes überhaupt werden ohne Zweifel in den Büchern des Neuen Testaments nicht geschildert. Die Auferstehungsikone, die den Auferstandenen mit einer Fahne des Triumphes darstellt, ist westlicher Herkunft (sie wird auf das 11. Jh. zurückgeführt) und beruft sich auf manche Vorstellungen von einigen späteren apokryphen Texten, also Texten die von der Kirche nicht als echt anerkannt werden.

Die Auferstehung Jesu (Gemälde von Perugino 1448–1523)

Das eigentliche Ereignis, nämlich das „wie" der Auferstehung Jesu, wurde nicht zum Beschreibungsgegenstand des Neuen Testaments. Trotzdem gehört es ohne Weiteres dem gesamten göttlichen Heilsplan (= Oikonomia) an. Die Auferstehung ist eine Fortsetzung der Menschwerdung, der Tätigkeit und der Passion Jesu Christi und eröffnet damit weitere Dimensionen dieses Heilsplans. Mit anderen Worten hört das Eindringen der zweiten Person der Heiligen Dreifaltigkeit in die menschliche Geschichte nicht mit seinem leiblichen Tod auf. Deshalb kann und darf der Sohn Gottes (= Christus) vom historischen Jesus nicht getrennt gesehen werden. Die Orthodoxie spricht nicht streng getrennt von einem vor-österlichen und einem nach-österlichen Jesus im Sinne der westlichen Theologie. Jesus Christus als der präexistierende, der menschgewordene, der getötete und in Herrlichkeit zur Rechten des Vaters thronende Sohn Gottes weist eine geschichtliche Kontinuität im Heilsplan Gottes auf.

Eigentlich kann und darf man von keinem Aufhören der göttlichen Anwesenheit in der nachösterlichen Menschheitsgeschichte sprechen, wenn man die Menschwerdung Christi als den Anfang dieser Zeitperiode bezeichnet. Das Erscheinen des Wortes (= Logos) Gottes in der Welt ist nicht mit schlichten Ereignissen, sondern mit grundlegenden göttlichen Taten, mit Mysterien (= Geheimnissen) verbunden. Sowohl die Virginität (=Jungfräulichkeit) Marias und die Geburt Jesu als auch sein Tod und seine Auferstehung sind Mysterien des Heilsplanes und ihnen sollte nur mit Glauben begegnet werden. Ignatios, Bischof von Antiochien, der wahrscheinlich im Jahre 117 den Märtyrertod erlitten hat, schreibt bezüglich der göttlichen Heilsereignisse in seinem Brief an die Epheser: „Besser ist Schweigen und Sein...". Man kann die Heilsgeschichte nicht nur einfach mit der bloßen Vernunft, mit wissenschaftlichen Experimenten oder historischer Forschung in den Griff bekommen, sondern muss mit frommem Schweigen und tiefem, existenziellem Glauben darauf antworten.

Die orthodoxe Exegese betrachtet die Auferstehung Jesu nicht für sich, sondern stets im Kontext der gesamten Christologie (= Lehre über Christus), des gesamten Heilsplans Gottes. Die Wirkung und das Gegenwärtigsein (Parusie) Jesu auf der Erde bilden eine unzertrennliche Einheit; eine Tatsache, die gleichfalls die Frage nach der Historizität der leiblichen Auferstehung des Menschensohnes berührt und beeinflusst.

Die Geschichtlichkeit der Auferstehung hängt mit der Wirklichkeit der Inkarnation (Menschwerdung) sowie des Todes und darüber hinaus der Tatsächlichkeit der Erscheinungen des auferstandenen Gottes zusammen.

Es versteht sich von selbst, dass die wirkliche leibliche Auferstehung Jesu seinen wirklichen biologischen Tod voraussetzt.

Die orthodoxe Auslegung der neutestamentlichen Texte und konkreter der Passions- und Todeserzählung geht von dem in der Tat stattgefundenen Tod Jesu am Kreuz aus. Nach der orthodoxen Theologie und Christologie handelt es sich nämlich um den wirklichen und nicht bloß scheinbaren Tod der bei der Geburt voll angenommenen menschlichen Natur des vollkommenen Gottmenschen Christus. Gemäß den biblischen Berichten ergibt sich dies aus zwei grundlegenden Stellen: Erstens die eindeutige Information des Evangelisten Johannes und die parallelen Stellen über den Todesmoment: „Und er neigte das Haupt und gab seinen Geist auf" (Joh 19,30). Zweitens hatte Pilatus durch einen Soldaten den Tod Jesu feststellen lassen: „einer der Soldaten stieß mit der Lanze in seine Seite, und sogleich floss Blut und Wasser heraus" (Joh 19,34), was als Zeichen der toten, seelenlosen Leiber gilt.

Selbstverständlich lässt sich der wirkliche Tod Jesu nicht nur aus den Berichten der Evangelisten beweisen. Die Orthodoxie versteht darüber hinaus den Tod des Logos Gottes (= Jesus Christus) als den Grundstein, das Fundament und die Garantie unseres Heils. Nur der reale und tatsächliche Tod Christi hat wahrnehmbare soteriologische (=die Erlösung betreffende) Konsequenzen für das ganze menschliche Geschlecht. Aus dem Blickwinkel der Soteriologie (= Erlösungslehre) sind das Kreuz Jesu und seine Auferstehung die zwei Seiten desselben göttlichen Geheimnisses. Diese theologisch sehr ernstzunehmende Überzeugung ist kein neu entdeckter Glaubenssatz der Ostkirche, kein ausschließlich orthodoxes Dogma der letzten Zeit, sondern der unerschütterliche Glaube der Alten Kirche. Ein repräsentatives Beispiel dafür bildet die älteste christliche Osterpredigt, die wir besitzen, d.h. die berühmte Pascha-Homilie des Meliton von Sardes, eines Bischofs des zweiten Jahrhunderts (er wirkte zwischen 160–180 n. Chr.). An einer interessanten und an das Opfer Jesu anknüpfenden Stelle lässt Meliton den „lebendigen Christus“ sprechen: „Ich bin eure Vergebung; ich bin das Pascha des Heils; ich bin das Lamm, geschlachtet für euch“.

Wie oben schon erwähnt, blieb die Art und Weise der Auferstehung Jesu ein mit der beschränkten menschlichen Vernunft unvereinbares Mysterium und wurde wohl nicht zum Beschreibungsgegenstand des Neuen Testaments. Von diesem Tathergang sind uns nur zwei Tatsachen bekannt geworden: Erstens, dass das Grab Christi leer aufgefunden wurde; zweitens, dass der verherrlichte auferstandene Herr nicht nur Einem, sondern Vielen erschienen ist. Das leere Grab, so wie es in den Evangelien geschildert wird, ist der Hinweis auf die Auferstehung. Es ist der Anstoß, der Ermutigungsanlass für die ersten Auferstehungsverkünder, nämlich die Myron (Salböl) tragenden Frauen und die Jünger. Der eigentliche Beweis der leiblichen Auferstehung ist aber der aus dem Tod herauskommende lebendige Herr, der vielen verzweifelten, ängstlichen und hoffnungslosen Gläubigen erschienen ist. Der Apostel Paulus hat uns im ersten Teil des 15. Kapitels seines 1. Briefes an die korinthische Kirche einen Text mit Auflistung der Erscheinungen Jesu überliefert, der die Tradition und den Glauben der Alten Kirche der ersten christlichen Jahrzehnte belegt und wahrscheinlich als ein schon formuliertes Dokument dem paulinischen Stoff gedient hatte (1 Kor 15,5–8). Darüber hinaus gehört die Tatsache der leiblichen Auferstehung Jesu zu den grundlegendsten christlichen Wahrheiten, zumal sie bereits der frühapostolischen Verkündigung als Basis und Fundament gedient hat (vgl. Apg 1,22; 3,15; 10,41; 17,31).

Diesen ständigen Glauben der frühen Kirche, der bereits in den neutestamentlichen Zeugnissen seinen unmissverständlichen Ausdruck gefunden hat, nimmt die orthodoxe Textinterpretation bei ihren Auslegungsmethoden stets wahr. Auch wenn das leere Grab für die nur mit der reinen Vernunft denkenden Menschen nicht viel zu sagen hätte, lassen die realen, geschichtlichen Erscheinungen des Auferstandenen keinen Platz für Spekulationen und Bedenken. An diesem Punkt blieb die Alte Kirche konstant und standhaft: Das ist ihr fester Glaube, der Glaube aller Väter: die Sicherheit und Gewissheit der leiblichen Auferstehung. Aufgrund dieser Gewissheit gingen Tausende von Märtyrern mit Freude und Selbstverleugnung in den grauenvollen und entsetzlichen Tod. Ohne wirkliche Auferstehung könnte das Neue Testament nicht aufrecht erhalten bleiben und ohne sie wäre auch die Entstehung des Christentums eine „Seifenblase" ohne Sinn und ohne jegliche soteriologischen Dimensionen. Der altchristliche Glaube bzw. der Glaube der Kirche schlechthin hat nach orthodoxer Überzeugung durch die Jahrhunderte ein grundlegendes, wenn nicht *das* grundlegendste Wort bei der philologischen und historisch-kritischen Erforschung der biblischen Texte überhaupt zu sagen.

Die Auferstehung im liturgischen und dogmatischen Zusammenhang

Die für unsere Zeit von den Menschen ersehnte Botschaft von der leiblichen Auferstehung Jesu Christi sollte zunächst auf einem lebendigen Zeugnis fußen; dies ist das liturgische Leben, bei dem eben der echte und unerschütterliche Glaube unbezweifelbar zum Ausdruck kommt. Dass allerdings die Orthodoxie die „Auferstehungskirche" schlechthin ist, soll als Überleitung zu den folgenden Gedanken ausgeführt werden. Die leibliche Auferstehung Christi als geschichtliches Ereignis und seine Konsequenzen für den Menschen und die ganze Natur kommen in der orthodoxen Theologie und insbesondere im Gottesdienst beeindruckenderweise sehr häufig vor. Die Auferstehung ist das Zentrum liturgischen Lebens, der Spiritualität, der Kunst, der liturgischen Dichtung und der Theologie der Orthodoxen Kirche.

Bereits die Architektur und die Wandmalerei des orthodoxen Gotteshauses beinhalten maßgebende Anknüpfungspunkte an die Auferstehung Jesu. Einerseits deutet der in der Tiefe der Kuppel erscheinende Jesus Christus Pantokrator (= Allherrscher) den Triumph der Auferstehung an. Andererseits umschreibt das reichliche Licht, als eine erfahrbare Wirklichkeit und als Symbol der wiederholt besungenen österlichen Freude, den Auferstehungscharakter sowohl der Ikonographie als auch der Hymnen der Kirche.

Die Auferstehung Jesu wird innerhalb der gesamten orthodoxen Liturgie, was etymologisch „das Werk des Volkes" bedeutet, als ein einmaliges und unwiederholbares Ereignis in der menschlichen Geschichte betrachtet und als solches prägt sie den orthodoxen Kultus. Ohne Zweifel findet die Tatsache der Auferstehung in den verschiedenen Gottesdiensten, in der Feier der Göttlichen Liturgie und konkreter der Heiligen Eucharistie ihren Höhepunkt. Der Herr als der Mittelpunkt der Liturgie, der in den Texten gleichzeitig als „der Dargebrachte und der Darbringende" bezeichnet wird, ist der auferstandene und erhöhte Herr, Jesus Christus, der – nach dem Hebräerbrief – „sich zur Rechten des Thrones der Majestät im Himmel gesetzt hat, als Diener des Heiligtums und des wahren Zeltes" (Hebr 8,1 f). In der Eucharistie finden Christi Tod und Auferstehung ihre erneute Vergegenwärtigung.

Alle Ereignisse des göttlichen Heilsplanes — darunter auch und auf besondere Weise die Auferstehung Jesu Christi — werden im orthodoxen Kultus in ihrer vollen Geschichtlichkeit gefasst und nicht nur als rein geistige und fantasievolle Tatsachen betrachtet. Sie sind nämlich in den verschiedenen Hymnen als eine andauernde Gegenwart integriert. Nur in diesem Sinne kann man den Geist der Hymnographen und Kirchendichter verstehen, wenn sie sich in zentralen kultischen Liedern oft des Wortes „Heute" (sēmeron) bedienen.

Die Auferstehung Jesu Christi nimmt einen besonderen Platz und eine hervorgehobene Funktion im liturgischen Leben der Orthodoxie ein. Auf der einen Seite ist ausnahmslos jeder Sonntag des Jahres der fröhlichen Botschaft der Auferstehung gewidmet, wobei die griechische Benennung des Sonntags *Kyriakē (Tag des Herrn)* (vgl. Offb 1,10), deutlicher und aufschlussreicher in dieser Richtung ist; auf der anderen Seite bildet die Auferstehung den Kern des ganzen Kirchenjahres, dessen liturgischer Zyklus vom Osterfest abhängig ist und in dieses mündet. Die Feier der Auferstehung also wurde so zum heiligsten und glanzvollsten Tag der Woche einerseits und des kirchlichen Jahres andererseits.

Der Glaube an die tatsächliche leibliche Auferstehung Jesu Christi hat Ostern zum ersten Fest des Christentums überhaupt gemacht. Dieses Fest wurde zum Wegweiser und Zentrum aller beweglichen Feste des Kirchenjahres und verbindet sich selbst mit der längsten Vorbereitungs- bzw. Fastenperiode. Sowohl die vorösterliche (= das Triodion), als auch die nachösterliche Zeit (= das Pentekostarion) sind von der Tatsache der Auferstehung geprägt.

Die orthodoxe Überzeugung und deren Bekenntnis zur Auferstehung des Sohnes Gottes gipfelt liturgisch in der Nacht des Karsamstags auf den Ostersonntag, an dem die Auferstehungsbotschaft ganz konkret verkündet wird, und der schon bekannte Osterhymnus über 50-mal gesungen wird: „*Christus ist von den Toten erstanden, den Tod durch den Tod zertretend und denen in den Gräbern das Leben schenkend*“. Ausnahmslos beziehen sich alle Hymnen dieser Nacht speziell auf das weltbedeutende Ereignis der Auferstehung, wobei die Freude und der Jubel des menschlichen Geschlechts über die neu eröffneten Rettungsperspektiven aller Menschen feierlich zum Ausdruck kommen: „*Auferstehungstag! Lasset uns Licht werden, ihr Völker...*“. Im Rahmen des kultischen Lebens und konkreter innerhalb der „lichtvollen“ Osterliturgie legt die orthodoxe Hymnologie und daher die Glaubensgemeinschaft der Orthodoxen ihr dauerhaftes Bekenntnis an die wahre leibliche Auferstehung Jesu ab.

Für die Orthodoxie ist Christi tatsächliche Auferstehung gleichzusetzen mit der hoffnungsvoll eröffneten Rettung des Menschen. Daher geht es nicht nur um die Auferweckung des toten Jesu und Sein Auffahren zum Himmel. Die theologische Dimension der Auferstehung ist der Abstieg des Gott-Sohnes in das Reich des Hades (= des altgriechischen Herrschers über die Unterwelt). Es handelt sich dabei um ein Ereignis, welches das irdische Leben der gesamten Menschheit sehr wohl berührt. Diese Theologie wird durch die byzantinische *Auferstehungsikone* hervorragend ausgedrückt. Der auferweckte Herr zertritt die Tore des Hades und zieht mit Seinen Händen Adam und Eva, also das unter der Ursünde leidende menschliche Geschlecht, empor. Vertreter des Alten und Neuen Testaments sind daneben als Zuschauer und zugleich Zeugen dieses Ereignisses dargestellt. Das zentrale Gefühl der Freude überströmt die Gläubigen während der ganzen Osterzeit, deren Auferstehungsbotschaft durch wichtige Stationen und Ereignisse, wie z.B. das Bekenntnis des „ungläubigen" Thomas, bis zum Himmelfahrtsfest betont wird.

Es wäre absolut abstrakt und unlogisch, die Wirklichkeit der leiblichen Auferstehung des wahren und für unsere Erlösung menschgewordenen Gottes in Zweifel zu ziehen und sie als ein „doketisches", d.h. lediglich rein schein-bares Ereignis zu betrachten. Die Theologie und der Glaube der Orthodoxen ordnen die Auferstehung Jesu entschieden in die voll spürbare Wirklichkeit der Heilsökonomie und des Heilsplanes ein. In dem Maße, wie die Geburt und die irdische Tätigkeit Jesu doch historisch belegt sind, ist in Analogie und Entsprechung seine Auferstehung auch historisch. Der apostolische Vater Ignatios von Antiochien († um 110) schreibt bezüglich der wahren und nicht scheinbaren Heilsgeschichte interessanterweise Folgendes: „Denn dies alles litt er unsertwegen, damit wir gerettet werden; und wirklich litt er, wie er sich auch wirklich auferweckte, nicht wie einige Ungläubige sagen, er habe zum Schein gelitten, während sie selbst zum Schein existieren“ (Brief an die Smyrnäer 2). Und an einer anderen Stelle: „Wenn nämlich dies zum Schein von unserem Herrn vollbracht wurde, so bin auch ich zum Schein gefesselt. Wozu aber habe ich mich dann dem Tode ausgeliefert zu Feuer, zu Schwert, zu Bestien?“ (Brief an die Smyrnäer 4,2).

Die Auferstehung Jesu Christi: Wandmalerei im Kloster Chora in Konstantinopel/Istanbul (14. Jh.) – Foto von K. Nikolakopoulos

Bezweifelt man die Geschichtlichkeit der tatsächlichen Auferstehung, leugnet man die wahre Gottheit des historischen Menschen Jesus. Seine Gottheit aber ist nach orthodoxem Glauben die Basis der Inkarnation und die Garantie des verheißenen Heils. Die Gottheit Jesu ist der wichtigste Anhaltspunkt für seine reale leibliche Auferstehung. Nach Paulus sind Gottheit und Auferstehung in enger Beziehung zu sehen, wie er im Prolog des Römerbriefes unterstreicht: „[Jesus Christus, unser

Herr], der sich dem Geist der Heiligkeit nach als Sohn Gottes erwiesen hat in Macht aufgrund der Auferstehung von den Toten“ (Röm 1,4). Die „naturgemäße“ Auferstehung des Herrn und Gottes Jesus Christus bildet das Fundament des altkirchlichen Glaubens, wie es sich in der Pfingstpredigt des Apostels Petrus feststellen lässt. Nach seiner Überzeugung erstand Christus von den Toten, „denn es war unmöglich, dass er vom Tod festgehalten wurde“ (Apg 2,24).

Die ganze erlösende Lehre der Kirche gründet sich auf der tatsächlichen leiblichen Auferstehung Jesu Christi, die einerseits den Sieg über den Tod und die Vergänglichkeit und andererseits die Wiederherstellung der soteriologischen Dimensionen der ganzen Menschheit bedeutet. Dieser Glaube muss jedem Menschen, der seine mögliche Rettung wahrnehmen will, tief eingeprägt werden. Wenn es keine Auferstehung gäbe, gäbe es keine Unsterblichkeit. In einem solchen Fall wäre die Sünde nicht besiegt worden und der Tod herrschte mit ihr und verwünschte das Leben sowohl des Einzelnen als auch das der Menschheit. Die heilsgeschichtliche Auferstehung Jesu bildet die Grundlage und die Voraussetzung für die endgültige Auferstehung der Menschen und ihre gesicherte ganzheitliche Aufnahme ins Göttliche. Im Glauben der Alten und dementsprechend der Orthodoxen Kirche haben Menschwerdung, Tod und Auferstehung Christi die Erneuerung der menschlichen Natur vollbracht.

Nachwort

Das Christentum hat sich nie als eine dekorative Religion verstanden, die samt den verschiedensten religiösen Bewegungen aller Zeiten dazu bemüht ist, einfach die geistigen Besorgnisse des Menschen zu befriedigen. Das Christentum ist – nach orthodoxem Verständnis – weder eine Religion noch eine spirituelle Bewegung noch irgendeine Weltanschauung. Es könnte mit jenen charakteristischen Worten, eigentlich seines Hauptes, des Gottmenschen Jesus, entsprechend, beschrieben werden: es ist „der Weg und die Wahrheit und das Leben" (Joh 14,6). Die Heilsgeschichte, die wir manchmal zu unseren Vorstellungen und Interessen anzuwenden versuchen, stellt nichts anderes dar als die ausgestreckte Hand Gottes Richtung Erde, damit die Menschen ihren Urzustand wiedererlangen können. Die Zusammenfassung des Christentums, die zugleich die Botschaft der Menschwerdung ist, lautet folgendermaßen: Christus wurde Mensch, erlitt das Kreuz und erstand, so dass Er den verlorenen Menschen in seiner Kraft stärkte und seine Unvergänglichkeit wieder herstellte.

Die Verkündigung und Botschaft unseres Glaubens, die sich ganz besonders auf die leibliche Auferstehung Jesu Christi stützen, sind ausschließlich unsere gesicherte Erlösung. Deshalb berührt die Frage nach der Geschichtlichkeit der Auferstehung Jesu hauptsächlich unsere Identität als rettbare oder unrettbare Christen und nicht das schlichte Thema, ob Jesus mit seinem leiblichen Körper erstanden ist, oder ob er in Wirklichkeit oder nur symbolisch im Himmel thront u. ä. Diese letzten Fragen gehören zur gesamten Thematik der Soteriologie (= Erlösungslehre) und bilden nur spekulatives und leeres Gerede, wenn sie an und für sich erörtert werden. Wenn man also teilweise oder gänzlich die Heilsgeschichte in Frage stellt, dann verliert man das Ganze und Substantielle aus den Augen und allmählich den Boden unter den Füßen.

Die leibliche Auferstehung des Sohnes Gottes knüpft an die gesamte Christologie an. Dementsprechend ist ihre Geschichtlichkeit, d.h. ihre Realität, mit der Wirklichkeit von Christus selbst und seinem erlösenden Werk auf Erden untrennbar verbunden. Die Orthodoxe Kirche, die Kirche der Auferstehung, als treue Hüterin und Beschützerin des unverfälschten urchristlichen Glaubens an Christus, den einziggeborenen Sohn Gottes, glaubt an die Geschichtlichkeit der leiblichen Auferstehung Jesu, denn nur so sind auch die Bedingungen für die tatsächliche Rettung des trotz allem in der Sünde schwachen Menschen geschaffen und gesichert. Man könnte auch heute die altkirchlichen Worte aus dem 1. Klemensbrief benutzen, um christologisch dazu Stellung zu beziehen:

> „Dies ist der Weg, Geliebte, auf dem wir unser Heil fanden, Jesus Christus, den Hohenpriester unserer Opfergaben, den Beschützer und Helfer unserer Schwachheit. Durch diesen blicken wir auf zu den Höhen der Himmel, durch diesen schauen wir in einem Spiegel sein untadeliges und allerhöchstes Antlitz, durch diesen wurden die Augen unseres Herzens geöffnet, durch diesen wächst unser unverständiger und verdunkelter Sinn ins Licht empor, durch diesen wollte der Herr uns kosten lassen von der unsterblichen Erkenntnis“.

9. Versuch eines philosophisch-theologischen Zugangs zum Glauben an Gott und an die Auferstehung

Josef Schmidt SJ

Überblickt man die abendländische Tradition der philosophischen Theologie, dann ist ihr eine Kernargumentation zugunsten des Gottesgedankens zu entnehmen, die sich, obwohl sie in Varianten vorliegt, im folgenden Gedankengang zusammenfassen lässt: Der Mensch erfasst sich in seiner Endlichkeit und Begrenztheit. Aber in dieser Erkenntnis übersteigt er seine Grenze. Er transzendiert sie in einen Kontext hinein, der ins Unabsehbare geht, zunächst in einen zeitlich-räumlichen Kontext, demgegenüber der Mensch sich als relatives Eigensein begreift und dieses wiederum als bezogen auf das gleichrangige Anderssein anderer Personen. Die Gesamtheit all dessen macht seine Welt aus. Diese Welt ist durchgehend, auch bei unendlicher Ausweitung, somit strukturell, durch ein Auseinander-Sein, eben durch äußere Relationen, konstituiert. Äußere Relationen aber sind nie als vollkommener Selbstbezug zu begreifen. Denn jede Seite bleibt auf die andere angewiesen und hat sich und die andere nicht hervorgebracht. Ihre Beziehungseinheit bleibt somit selbst abhängig von weiteren Kontexten. Wenn jedoch die Welt überhaupt ein solches kontextuelles Beziehungsgeflecht ist, ist sie als ganze auch abhängig. Als ganze verweist ihre Abhängigkeit aber auf ein radikal anderes Sein, auf ein Sein, das vollkommen aus sich selbst ist und so auch über sich verfügt. Dieses Sein ist das absolute Sein. Es steht dem Ich nicht wie ein äußeres Objekt gegenüber, sondern ist ihm letzter Horizont. Es umfasst das Ich und ermöglicht ihm geistiges Leben. Hier zeigt sich, dass das Ich mit der eigenen Begrenztheit zugleich eine diese Begrenztheit überschreitende letzte Unbegrenztheit erfährt. Sie ist die notwendige Bedingung der menschlichen Freiheit, die sich sonst in den äußeren Begrenzungen und deren determinierenden Einschränkungen auflösen müsste. Freiheit ist als aktueller Selbstbezug der Selbstvollzug des Ich. Dieser Selbstvollzug ist Wille und ist Selbstbejahung. Als Ich muss ich ihm zustimmen. Nur so kann ich mich vollziehen. Mit meiner Zustimmung nehme ich freilich Werthaftes entgegen, etwas, das gut für mich ist. Das heißt, mein Selbstvollzug ist wesentlich auf ein Gutes ausgerichtet. Dieses Gute bin ich selbst, allerdings in einem Kontext. Ich kann mich nicht gegen jeden Kontext bejahen, da ich ihn in irgendeiner Weise stets mitbejahen muss. Auf diese Weise kommt mir dann dieses oder jenes Gute vor Augen. Hängt aber dabei das, was für mich gut ist, nur von meiner jeweiligen Vorstellung davon ab? Sokrates stellt den Sophisten, die eben das vertraten, die einfache Frage, ob man sich dabei nicht täuschen kann. Jeder muss das zugeben. Das Wissen um die mögliche Täuschung zeigt also, dass stets das für einen selbst *wahrhaft* Gute gesucht wird. Diese Feststellung führt jedoch die Frage nach dem Guten in einen letzten, unbegrenzten Kontext, in den Kontext des Absoluten. Nur aus dessen Horizont heraus kann das Gute in seiner Wahrheit letzte Bestätigung und Rechtfertigung erhalten. Die einfache Frage nach dem, was wirklich gut ist, enthält also, wenn auch meist implizit, die Ausrichtung auf diesen Horizont. Er steht für das unbedingt Gute als Horizont meiner Freiheit. Als solcher ist er aber keineswegs nur ein fernes, irgendwie gesuchtes Ziel. Er begegnet durchaus auch unmittelbar, nämlich in der unbedingten Forderung des Gewissens. Dieser Forderung können wir uns nur im Widerspruch zu uns selbst (mit dem Zweifel, ob wir uns dann noch „ins Gesicht sehen" können) und begleitet von Verdrängung und Abspaltung von uns selbst, entziehen. Dieses absolute Sein und Gut-Sein ist der philosophische Gottesbegriff.[1]

Nochmals in anderen Worten: Der Mensch stößt als Maßstab seiner geistigen Vollzüge auf ein Ewiges, Absolutes. Dieses kann nicht ein bloßes Konstrukt sein, sondern muss als in sich und aus sich selbst Seiendes begriffen werden. Trotz oder auch wegen dieser absoluten Vorgegebenheit kommt die theoretische Erkennbarkeit dieses Ewigen und Absoluten an Grenzen, denn es ist zu grundsätzlich und umfassend, um in einer denkenden Objektivierung aufzugehen. Insofern ist das Absolute nach Platon „epékeina tes usias“ (jenseits des (objektivierbaren) Seienden) oder überhaupt nur im freien Handeln erfassbar (Kant). Wobei diese nur praktische Fassbarkeit, wenn sie zu Ende gedacht wird, wie bei Fichte, sich auch als theoretische Fassbarkeit zeigt, weil jenes Höchste nur in der Reflexion auf die notwendige Implikation und letzte Norm des geistigen *Vollzuges* zu erfassen ist. Der menschliche Geist ist so gesehen nicht naturalisierbar, d.h. nicht auf äußere, empirische Objektivität reduzierbar, denn die Transzendenz (Jenseitigkeit) jenes Ewigen und Absoluten ist ihm immanent (in-seitig) und konstitutiv für den Vollzug seiner selbst. Er erfährt auf diesem Wege seine Unterworfenheit und Abhängigkeit von jener Transzendenz. Aber er erfährt dies so, dass die Anerkennung dieser Abhängigkeit ihn nicht von sich entfremdet, sondern im Gegenteil zu sich selbst und seiner Autonomie gelangen lässt.

Der Bezug zur Theologie lässt sich in einigen Grundzügen so darstellen: Die Abhängigkeit vom Ewigen begreift der biblische Glaube als Geschöpflichkeit. Wir sind uns durch Gott *gegeben*, aber eben uns *selbst*, d.h. mit dem Ziel, eigenständige Adressaten dieser Gabe zu sein. Daraus folgt, dass wir unsere *Selbständigkeit* nur dann richtig wahrnehmen und vollziehen, wenn wir sie als *gegebene* annehmen, d.h. wenn wir uns als Geschöpfe begreifen. Gottesverhältnis und Selbstverhältnis bilden somit eine konstitutive und normative Einheit. Dass der Mensch durch die Präsenz Gottes in ihm zum Menschen wird, ist in der Bibel deutlich ausgesprochen. Gott schafft ihn, indem er ihm seinen Atem einbläst (Gen 2, 7), sein göttliches Leben mitteilt.

Wird ihm dieser Atem entzogen, stirbt er (Ps 104, 29). So wie der Mensch durch diese Verbindung mit Gott existiert, so ist sie ihm auch Norm, ist seine Bestimmung. Gott bildet sich im Menschen ab (Gen 1, 26f) und will mehr und mehr in ihm erscheinen. Der Mensch ist individuell, aber zugleich sozial. Gott schafft ihn als „als Mann und Frau“, d.h. als Gattungswesen, als Wesen des Mit- und Füreinander-Seins, wobei die Gott-Ebenbildlichkeit den geforderten Respekt voreinander, so das Tötungsverbot (Gen 9, 6), begründet. Die Konkretheit des Menschen zeigt sich vor allem in seiner Leiblichkeit. Über sie ist er als einzelner identifizierbar und eingebettet in den Kontext seiner natürlichen und sozialen Welt. Das Bewusstsein vom Wandel der Dinge lässt ihn die Geschichtlichkeit seiner Existenz und ihrer Welt begreifen und Gott als denjenigen, der ihn innerhalb dieses Geschehens zur Verantwortung ruft, aber zugleich in der Einmaligkeit ihrer Verläufe und der Unwiederholbarkeit seiner Existenz zu seiner Bestimmung führt.

Der Mensch lebt von der Präsenz Gottes in ihm. Das heißt: das Geschaffensein der Welt kommt in ihm besonders zum Ausdruck. Denn Gott ist als letzte Macht der Welt auch die konstitutive und tragende Präsenz in ihr. Die Welt ist nicht ohne die Immanenz des transzendenten Schöpfers. Zum Bewusstsein kommt dies der Welt im Menschen, der damit ihr Wesen vollzieht und vollziehen soll, um so ihrer wie seiner Bestimmung gerecht zu werden. Gott steht damit der Schöpfung nicht einfach gegenüber. Dies würde ihn sogar verendlichen. Vielmehr umgreift Gott die Welt, umschließt sie und nimmt sie gewissermaßen in seinen Selbstbezug hinein. Damit wahrt er seine Schöpfermacht ohne seine Gottheit aufzugeben. Seit Beginn der Welt steht er auf ihrer Seite und ist nicht nur ihr Gegenüber. Dieses Stehen auf ihrer Seite lässt sich in gesteigerter Radikalität denken. Die denkbar größte ist die, dass Gott *zur Welt wird*, und zwar bis in ihre letzte Konkretheit hinein, d.h. bis in die dadurch zugespitzte Kontingenz (die einmalige, aber nicht gesetzlich ableitbare Existenz) und dies ist der Mensch. Denn in ihm wird sich die Kontingenz ihrer selbst bewusst.

Hier zeichnen sich die Umrisse einer apriorischen (einer dem reinen Denken einleuchtenden) Christologie ab. Man könnte sie mit Rahner „transzendentale (eben apriorische) Christologie“ nennen. Freilich führt ihre Apriorität im entscheidenden Punkt über sich als gedankliche Notwendigkeit hinaus, nämlich darin, dass jene höchste Präsenz des Absoluten im *Kontingenten* nur ein durch nichts ableitbares Geschehen sein kann, eine freie Tat Gottes, der durch diese freie Tat sich selbst und sein Gesamtverhältnis zur Welt offenbart.

Gott hat so seine Präsenz in der Welt in einer unüberbietbaren Weise vollendet, man könnte sagen: in einem „quo maius cogitari nequit“ (über das hinaus Größeres nicht gedacht werden kann) (Anselm, Proslogion) und hat die Welt und ihre Kontingenz im doppelten Sinn „angenommen“, da er zum Kontingenten *wurde* und es zu sich *erhob*. Indem so Gottes weltliche Gegenwart zu einer Mitte kam, erhielt diese Welt *ihre* Mitte und erreichte ihre Bestimmung als Schöpfung: ihren *Selbst*vollzug in ihrer Selbst*überschreitung*. Diese Mitte hat einen Namen: Jesus Christus. Von ihm gilt: „Alles ist durch ihn und auf ihn hin geschaffen“ (Kol 1, 15–20). Der Geist Gottes, der in der Schöpfung wirkt und im Menschen lebendig ist, kann dann kein anderer sein als der „Geist Christi“ (Röm 8, 9–17). Damit aber gilt: Nur in diesem Geist, d.h. in Einheit mit dem so konkret gewordenen Gott, können wir unsere jeweilige Bestimmung als Menschen erreichen. Einsgeworden mit ihm müssen wir unsere Endlichkeit und Kontingenz nicht mehr fürchten. Sie ist „erlöst“, denn sie ist mit all ihrem Schmerz zur Möglichkeit geworden, unserem Leben ihre unverwechselbare Gestalt zu geben, diejenige, in der unsere Persönlichkeit ihre Ewigkeitsbedeutung gewinnt. Zu einer solch souveränen Bezugnahme auf die uns einschließenden Grenzen sind wir befähigt durch den keiner Grenze unterworfenen Geist Gottes in uns. Dieser Geist lehrt uns, als Geist Christi, unsere Grenzen bis ins Letzte anzunehmen und sie eben damit auf den unendlichen Gott hin zu überschreiten, und zwar bis ins Letzte, bis in den Tod hinein. Auch diese Grenze gehört zu unserem Selbstvollzug. Sie anzunehmen ist sogar der höchste Akt unserer Geschöpflichkeit. Denn wir nehmen uns an, um uns loszulassen, und lassen uns los im Vertrauen, uns wieder zu erhalten. Den Tod annehmen heißt von daher, ihn als Ausdruck der Hingabe begreifen, christlich gesprochen: als Liebe. So erfüllt sich ein Gesetz des Geistes, das schon Platon kennt und das darin besteht, dass wir zu unserem wahren Bei-uns-Sein nur in der selbstlosen Bindung an das uns ebenso immanente wie radikal überlegene Gute gelangen. Dieses Sich-Überschreiten bedeutet ein Zu-sich-Kommen. Und wenn der Tod die höchste Manifestation dieser Selbstüberschreitung ist, liegt in ihm auch der Keim eines höchsten Zu-sich-Kommens. „Wenn das Weizenkorn nicht in die Erde fällt und stirbt, bleibt es allein, wenn es aber stirbt, bringt es reiche Frucht. Wer an seinem Leben hängt, verliert es, wer es aber in dieser Welt geringachtet, wird es bewahren zum ewigen Leben“ (Joh 12, 24 f).

Diese Hingabe ist der Atem Gottes in uns, jener Atem, durch den wir zu Menschen wurden (Gen 2, 7) und der als der „Geist seines Sohnes“ (Gal 4, 6) offenbar geworden ist. Ihn gilt es als die Immanenz Gottes in uns zu begreifen: „Nicht mehr ich lebe, sondern Christus lebt in mir“ (Gal 2, 20). Diese Einheit ist Leben, Sterben und neues Leben mit ihm. „Wenn wir nämlich ihm gleich geworden sind in seinem Tod, werden wir mit ihm auch in seiner Auferstehung vereinigt sein“ (Röm 6, 5). Dieses neue Leben ist in seiner den Tod einbeziehenden und überwindenden Kraft jetzt schon in uns da. Wir sind jetzt schon „miterweckt“ mit Christus (Eph 2, 6; vgl. Kol 2, 12) wie Paulus sagt: „Ihr seid auferweckt mit Christus, so sucht, was oben ist [...] Ihr seid ja gestorben, und euer Leben ist mit Christus verborgen in Gott. Wenn Christus, unser (!) Leben, erscheint, werdet auch ihr mit ihm erscheinen in Herrlichkeit“ (Kol 3, 1–4). Oder mit den Worten Jesu im Johannesevangelium: „Wer mein Wort hört und dem glaubt, der mich gesandt hat, der *hat* ewiges Leben [...] und *ist* aus dem Tod ins Leben übergegangen“ (Joh 5, 24; nach 1 Joh, 3, 14 wird dies in der Nächstenliebe manifest), oder: „Wer glaubt, *hat* ewiges Leben“ (Joh 6, 47). Dieses dem Tod überlegene Leben besitzen wir freilich nicht als theoretisch objektivierbare „Natur“, aus der wir unsere Unsterblichkeit ableiten könnten. Vielmehr haben wir deren Gewissheit nur im Vollzug der Hingabe an den uns zu sich erhebenden Gott. Wegen dieses Akt-Charakters haben Kant und Fichte die Unsterblichkeitsgewissheit „Glauben“ genannt, wobei sich dieser Glaube jedoch von einer bloß theoretischen Annahme wesentlich unterscheidet. Als „praktische Gewissheit“ hat dieser Glaube seinen Ort im Vollzug der Hingabe an das unbedingt Gute und ist nicht aus einer im voraus begründenden Erkenntnis zu gewinnen. Genau dieser Vollzugscharakter macht den christlichen Glauben an das jenseitige Leben aus. Nur im Sich-Verlassen auf den auferstandenen Herrn erschließt sich uns der „Grund“ der Gewissheit einer den Tod überdauernden Existenz. Der neutestamentliche Begriff „pistis“ (Glaube) ist deshalb auch nur vom hebräischen „häemín“ (vertrauend sich stützen auf, vgl. Hebr 11, 1) zu verstehen.

Schließlich seien noch ein paar theologisch-philosophische Überlegungen angestellt zur Frage, wie ein den Tod überdauerndes Leben näher zu denken sei. Festzuhalten bleibt, dass die Person des kommenden mit der des irdischen Lebens identisch sein muss. Die jenseitige Person wäre sonst eine andere und die Hoffnung auf „mein“ zukünftiges Leben wäre hinfällig. Zudem begründet und expliziert diese Identität die persönliche Verantwortung vor Gott. Die jenseitige Person muss deshalb in der Gestalt und Prägung ihrer irdischen Existenz und Biographie erkennbar sein. Dies ist der Sinn des Glaubens an die „Auferstehung des Fleisches (carnis resurrectionem)“ (Apost. Gl.Bek). Nicht ein von der Individualität losgelöstes allgemeines Wesen, sondern die konkrete Person wird auferstehen. Dass diese Bewahrung ihrer Konkretheit nichts mit der Konservierung materieller Bestandteile der irdischen Existenz zu tun hat, versteht sich von selbst. Das Festhalten an der Identität der den Tod überschreitenden Person hat aber auch zur Konsequenz, dass Tod und Wiederbelebung der Person *ein* Geschehen sein muss. Denn der Riss des Todes bringt den Geist zwar in die äußerste Spannung zu sich selbst. Doch seine Einheit, die in ihren Grundvollzügen stets Einheit in Differenz ist, umgreift in der Kraft des göttlichen Geistes auch die Todesgrenze, wobei deren existentielle Erfahrung alle Schärfe behält. Man kann also durchaus von einer Auferstehung *im* Tode sprechen. Die Rede, dass Gott die vollkommene Trennung der irdischen von der jenseitigen Existenz im Tode durch seine „Erinnerung" überbrückt, ist zu metaphorisch und darum weniger glücklich. Das Wort Jesu zum Schächer am Kreuz dürfte so gesehen für alle Menschen gelten, die sich sterbend Gott überlassen: „Amen ich sage dir, noch heute wirst du mit mir im Paradies sein" (Lk 23, 43). Auch Paulus scheint zu hoffen, dass der Tod ihn unmittelbar zu Gott führen werde (2 Kor 5, 1 ff; Phil 1, 21 ff; 3, 20 f). Doch spricht er bekanntlich auch von einer allgemeinen Auferstehung am Ende der Zeit (1 Kor 15, 23 f 52; 1 Thess 4, 13 ff).

Wie aber sind diese Aussagen der Bibel, die von einer kollektiven Auferstehung und einem gemeinsamen Gericht am Ende der Zeit sprechen (z.B. Mt 16, 27; 22, 23 ff; 25, 31 ff; Joh 5, 28 f; Apg 24, 15) zu verstehen? Ich denke, ihr Sinn ergibt sich aus dem Gemeinschaftsbezug, der ein wesentlicher Aspekt der Konkretheit (von „concrescere": zusammenwachsen) menschlicher Existenz ist. Im Blick auf diesen Gemeinschaftsbezug kann auch die Vollendung des Menschen nur kollektiv gedacht werden. Auch die Bewertung seines Handelns kann nicht ohne diesen Zusammenhang erfolgen. Was ich Gutes oder Schlechtes getan habe, wird sich in der Geschichte erst noch erweisen. Dies wird uns heute besonders im Blick auf die Verantwortung für kommende Generationen deutlich bewusst. Erst am Ende der Menschheitsgeschichte kann demnach über unser Handeln ein letztes Urteil gesprochen werden, und ohne dieses Urteil sind wir auch noch nicht am Ziel. Hier zeigt sich eine tiefe Zusammengehörigkeit der Menschen, und sie ist genuin christliche Lehre. Der biblische Ausdruck dafür ist die Rede vom „Leib Christi", an dem wir alle Glieder sind (Röm 12, 5; 1 Kor 12, 12 ff; Eph 4, 16; Kol 2, 19; der Sache nach schon enthalten im Gerichtsgleichnis: Mt 25, 31 ff, oder im Bild vom „Weinstock": Joh 15, 1 ff). Dieses eine Gesamtleben („wenn ein Glied leidet, leiden alle anderen mit", 1 Kor 12, 26) hat seine Mitte in Christus und verbindet die einzelnen im Leib seiner Auferstehung. Das Ende der Welt ist deshalb die „Wiederkunft Christi", d.h. das volle Erscheinen seines göttlichen Auferstehungslebens, in welches wir erst dann ganz aufgenommen sein werden. Bis dahin bleibt der bei Gott bereits geborgenen Seele noch Geduld abverlangt (vgl. Hebr 11, 40; Apk 6, 11), ein „Warten", das uns (vgl. Kants Unsterblichkeitspostulat) einen überempirischen Zeitbegriff zu denken aufgibt. Die Einheit im Leib Christi darf in dieser endzeitgeschichtlichen Sicht dann aber auch als Verbundensein der Seelen über die Todesgrenze hinweg begriffen werden und jenes Warten als Einstehen füreinander.

Nach der Kreuzigung Jesu waren seine Jünger(innen) verzweifelt. Alle Hoffnung, die Jesus in die Welt gebracht hatte, schien dahin. Dann aber kamen die überwältigenden Erfahrungen seiner Auferstehung. Schon dieser gut bezeugte Schock unerwarteter Freude macht es höchst unwahrscheinlich, dass die Jünger, wie ihnen unterstellt werden sollte (Mt 28, 11–15), Jesu Leichnam aus dem Grab holten, um eine Lügenbotschaft zu verbreiten. Das leere Grab ist historisch gut bezeugt. Ohne dieses Faktum hätte sich die Botschaft von Jesu Auferstehung keinen Tag halten können. Wohin aber ist sein Leichnam verschwunden? Naheliegend wäre, dass die Römer oder Kreise der Juden, die einen Kult um Jesu Grab verhindern wollten, seinen Leichnam entfernten. Für die Zweifler an der Auferstehung wäre das ein gutes Argument gewesen. Aber von diesem Verdacht findet sich keine Spur. Man muss also sagen, dass nicht nur das leere Grab, sondern auch das totale Verschwinden von Jesu Leichnam eine historisch gut bezeugte Erfahrung ist. Aber was bedeutet dieses Verschwinden theologisch? Es kann nur bedeuten, dass mit Jesu leiblicher Auferstehung der „neue Himmel und die neue Erde" (Jes 65, 17; 66, 22; 2 Petr 3, 13; Apk 21, 1) angebrochen ist. Zum Zeichen, dass die alte Welt in die neue mitgenommen wird, wurde Jesu irdischer Leib in sie hinein aufgehoben. Wir leben also jetzt schon jenseits des Endes unserer Welt, in der himmlischen Welt der bereits angebrochenen Zukunft, in die unser ganzes Menschsein, unsere Geschichte und all unsere Beziehungen dann, verwandelt und gereinigt, mitgenommen werden. Zwar bleibt nichts von der alten Welt. Auch von uns wird nichts bleiben. Denn die neue Welt ist von unserer aus nicht direkt extrapolierbar. Aber dieses Fallen ins Nichts ist ein Fallen in die Hand des Schöpfers, der die Welt zu dem Nichts zurückführt, aus dem sie geschaffen wurde (2 Makk 7, 28 passim), die der Schöpfer also neu schafft, indem er sie durch den Tod hindurch bewahrt. Auch dies ist ein Aspekt unserer Einheit mit dem Leib Christi, seinem Sterben und neuem Leben.

Anmerkungen

Vorwort

1 Die maskuline Form von ‚Christ' wird im Buchtitel sowie hier gebraucht, um damit Personen aller Geschlechter zu bezeichnen.

1. Der christliche Glaube an den personalen Gott. Was bedeutet der Glaube des Christentums an Gott als Person?

1 Darüber hinaus stellen die Engel zugleich jeweils für sich bestehende, getrennte Arten dar, bei denen im Unterschied zu den menschlichen Personen jedes Individuum eine eigene Art (Spezies) ist. Während die menschlichen Personen eine Geistseele haben, die zugleich das einzige Formprinzip ihres Körpers ist und diesen zu einem beseelten Leib macht, besitzen die geschaffenen, reinen Geistwesen keine Geistseele und deshalb auch keinen Leib; folglich sind sie der Sterblichkeit eines materiellen Leibes enthoben und daher im Unterschied zu der irdischen Existenzweise menschlicher Personen unsterblich.

2. Im Anfang schuf Gott Himmel und Erde

1 Steven Weinberg, Die ersten drei Minuten, München 1977, 212.
2 John Polkinghorne, An Gott glauben im Zeitalter der Naturwissenschaften. Die Theologie eines Physikers, Aus dem Englischen von G. Etzelmüller, Gütersloh 2000, 13.
3 Immanuel Kant, Kritik der reinen Vernunft, Werke II, Darmstadt 1956, B 654.
4 Christoph Hardmeier/Konrad Ott, Naturethik und biblische Schöpfungserzählung. Ein diskurstheoretischer und narrativ-hermeneutischer Brückenschlag, Stuttgart 2015, 235.
5 John Polkinghorne/Michael Welker, An den lebendigen Gott glauben. Ein Gespräch, Gütersloh 2005, 50.
6 Vgl. zum Folgenden Michael Welker, Schöpfung und Wirklichkeit, NBSTh 13, Neukirchen 1995, 19–32.
7 Vgl. Charles Darwin, On the Origin of Species by means of natural selection or the preservation of favoured races in the struggle for life,

London [2]1860, 48: „A celebrated author and divine has written to me that ‚he has gradually learnt to see that it is just as noble a conception of the Deity to believe that He created a few original forms capable of self-development into other and needful forms, as to believe that He required a fresh act of creation to supply the voids caused by the action of His laws.'".

8 A.a.O., 481.

9 Reinhold Bernhardt, Was heißt „Handeln Gottes"? Eine Rekonstruktion der Lehre von der Vorsehung, Gütersloh 1999, 42.

10 Alfred North Whitehead, Wie entsteht Religion? [1926], übersetzt von H.G. Goll, Frankfurt [2]1986, 115.

11 Vgl. John Polkinghorne, Theologie und Naturwissenschaften. Eine Einführung, Aus dem Englischen von Gregor Etzelmüller, Gütersloh 2001, 59f.

12 Ob es so etwas wie eine top-down-Kausalität gibt, ist wissenschaftlich umstritten. Ihre Annahme kann aber sowohl das Phänomen der konvergenten Evolution (etwa des Auges oder des Fliegens) bei nicht miteinander verwandten Arten als auch die Tendenz vieler beobachtbarer, auch mathematisch simulierter Prozesse erklären, Ordnungsmuster hervorzubringen. Zu klären, ob es eine top-down-Kausalität gibt, fällt nicht ins Gebiet der Theologie. Die Theologie kann nur darstellen, wie die Idee einer top-down-Kausalität helfen könnte, Gottes Wirken in der Natur zu verstehen.

13 Vgl. Polkinghorne, Theologie und Naturwissenschaften, 122.

14 Karl Barth, Kirchliche Dogmatik IV/2, Zürich 1955, 249.

15 Polkinghorne/ Welker, a.a.O., 39 [Polkinghorne].

16 Karl Barth, Kirchliche Dogmatik III/1, Zürich 1945, 131f.

3. Ein Gott in drei Personen

1 Gregor von Nazianz, *Orationes theologicae 5,3 – Theologische Reden* / Hermann Josef Sieben (Hrsg.). Freiburg: Herder, 1996, 279.

2 Origenes, *In Ioannem* II, 20 – *Commentaire sur Saint Jean* / Cécile Blanc (Hrsg.). Bd. 1. Paris: Cerf, 1966, 220.

3 Das zeigt z.B. Cross, Richard: "Two Models of the Trinity?", in: *Heythrop Journal* 43 (2002), 275-294.

4 Nizänisches Glaubensbekenntnis, in: *Kompendium der Glaubensbekenntnisse und kirchlichen Lehrentscheidungen* / Peter Hünermann, Heinrich Denzinger (Hrsg.). Freiburg: Herder, [37]1991, Nr. 125.

5 Konstantinopolitanisches Glaubensbekenntnis, in: ebd., Nr. 150.

6 Näher dazu Kasper, Walter: *Der Gott Jesu Christi*. Mainz: Grünewald, [3]1995, 264-273.

7 Aurelius Augustinus, *De trinitate* V 9,10 – *De Trinitate libri XV* / W. J. Mountain (Hrsg.). 2 Bde. Turnhout: Brepols, 1968, 217.

8 Anselm von Canterbury: *Monologion* 79: „tres nescio quid". – *Monologion: Lateinisch-deutsche Ausgabe* / Franciscus Salesius Schmitt (Hrsg.). Stuttgart-Bad Cannstatt: Frommann-Holzboog, 1964, 213.

9 Richard von Sankt Viktor, *De Trinitate* IV, 22 – *De trinitate: Texte critique avec introduction, notes et tables* / Jean Ribaillier (Hrsg.). Paris: Vrin, 1958, 187 – dt. *Die Dreieinigkeit* / Hans Urs von Balthasar (Übers.). Freiburg: Einsiedeln, 1980, 139. Kurz darauf, in *De trinitate* IV, 23f, definiert der Autor die nicht-göttliche Person.

10 Vgl. Thomas von Aquin, *Summa theologiae* I q. 29, art. 4, corpus.

11 Vgl. z.B. Sturma, Dieter: „Person", in: *Neues Handbuch philosophischer Grundbegriffe* / Petra Kolmer, Armin G. Wildfeuer (Hrsg.). Freiburg/München: Alber, 2011, Bd. 2, 1728-1738, bes. 1728.

12 Nitsche, Bernhard: „Der drei-eine Gott als Freiheitskommerzium: Versuch über das trinitarische Selbstsein und die Eigenschaften Gottes", in: *Eigenschaften Gottes: Ein Gespräch zwischen systematischer Theologie und analytischer Philosophie* / Thomas Marschler, Thomas Schärtl (Hrsg.). Münster: Aschendorff, 2016, 411-443, 437, nennt die göttlichen Personen drei aufeinander erschlossene Freiheiten.

13 Kasper, Walter: *Der Gott Jesu Christi*. Mainz: Grünewald, [3]1995, 353f.

14 Ratzinger, Joseph: „Zum Personverständnis in der Theologie", in: *Dogma und Verkündigung*. München/Freiburg: Wewel, 1973, 205-223, 210.

15 Immer noch lesenswert ist Mühlen, Heribert: *Der Heilige Geist als Person: In der Trinität, bei der Inkarnation und im Gnadenbund: Ich – Du – Wir*. Münster: Aschendorff, [2]1966, bes. 136-167.

16 In diesem Sinn vgl. Schärtl, Thomas: „Trinität, Einheit und Eigenschaften Gottes", in: *Trinität: Anstoß für das islamisch-christliche Gespräch* / Muna Tatari, Klaus von Stosch (Hrsg.). Paderborn: Schöningh, 2013, 13-68. Wie man die Einheit und Einfachheit des dreifaltigen Gottes sinnvoll verstehen soll, erklärt Schärtl in „Einfachheit Gottes und die Trinität", in: *Eigenschaften Gottes* (siehe Anm. 12), 379-409.

17 Vgl. Aurelius Augustinus, *De trinitate* VI 7,9-8,9 (ed. Mountain, 237f).

18 Vgl. Aurelius Augustinus, *De trinitate* VI 10,12 (ed. Mountain, 242).

19 Vgl. Aurelius Augustinus, *De trinitate* XIV 6,8 (ed. Mountain, 432).

20 Aurelius Augustinus, *De trinitate* XIV 8,11 (ed. Mountain, 436).

21 Richard von Sankt Viktor, *De Trinitate* III, 15 (ed. Ribaillier, 151; ed. von Balthasar, 101).

22 Vgl. kritisch Leftow, Brian: "Anti Social Trinitarianism", in: *The Trinity: An Interdisciplinary Symposium on the Trinity* / Stephen T. Davis, Daniel Kendall, Gerald O'Collins (Hrsg.). Oxford: Oxford University Press, 1999, 203-249, 240f.

4. Maria, Mutter des Herrn

1 Vgl. den Heidelberger Katechismus, Frage 23, 35 u. 36: Heidelberger Katechismus – Heidelberger Katechismus – Der gesamte Text (heidelberger-katechismus.net);eingesehen am 12.01.2022; den Kleinen und Großen Katechismus, in: Die Bekenntnisschriften der Evangelisch-Lutherischen Kirche. Vollständige Neuedition, hg. v. Irene Dingel, Göttingen 2014 (im Folgenden abgekürzt: BSELK), 870–872 u. 1054–1058, dazu auch Martin Luthers Erklärung der Jungfrauengeburt in seiner Auslegung des Magnificat, in: Thomas A. Seidel/Ulrich Schacht (Hg.), Maria. Evangelisch. Mit einem Nachdruck von Martin Luther, Magnificat, verdeutscht und ausgelegt (1521), Leipzig/Paderborn 2011, 240f.

2 Vgl. Heinrich Denzinger/Peter Hünermann (Hg.), Enchiridion symbolorum definitionum et declarationum de rebus fidei et morum, Freiburg i.Br. u.a. ^{37}1991, 122 (*251): „Und so haben sie [*die heiligen Väter*] es getrost unternommen, die heilige Jungfrau Gottesgebärerin zu nennen, nicht etwa weil die Natur des Wortes bzw. seine Gottheit den Anfang des Seins aus der heiligen Jungfrau genommen hätte, sondern weil der vernünftig beseelte heilige Leib aus ihr geboren wurde; mit ihm hat sich das Wort der Hypostase nach geeint, und deshalb wird von ihm gesagt, es sei dem Fleische nach geboren worden" (Hervorhebung im Original).

3 WA 7, 544-604. Im Folgenden wird auf eine in modernisiertem Deutsch abgedruckte und deshalb gut lesbare Textfassung zurückgegriffen, in: Seidel/Schacht, Maria, 185–245.

4 Seidel/Schacht, Maria, 197.

5 Seidel/Schacht, Maria, 194.

6 Vgl. dazu Seidel/Schacht, Maria, 186–188 u. 242–245.

7 Seidel/Schacht, Maria, 187.

8 Seidel/Schacht, Maria, 211.

9 So Luther in einer Predigt am 8. September 1522, dem Fest Mariä Geburt, in: WA 10 III, 312–331.

10 Seidel/Schacht, Maria, 213.

11 Vgl. Unser Glaube. Die Bekenntnisschriften der evangelisch-lutherischen Kirche. Ausgabe für die Gemeinde, bearb. v. Horst-Georg Pöhlmann, Gütersloh ^{2}1987, 79; BSELK.N, 128,11f.

12 Unser Glaube, 354; BSELK.N, 570,6f.

13 Unser Glaube, 354; BSELK.N, 570,9–13.

14 Vgl. Maria – Evangelische Fragen und Gesichtspunkte. Eine Einladung zum Gespräch, in: Una Sancta 37 (1982), 184–201, hier 196.

15 Vgl. Karl-Heinrich Bieritz, Das Kirchenjahr. Feste, Gedenk- und Feiertage in Geschichte und Gegenwart, München ^{9}2014, 296f.

16 Evangelisches Gottesdienstbuch. Agende für die Evangelische Kirche der Union und für die Vereinigte Evangelisch-Lutherische Kirche Deutschlands, Berlin ^{3}2003.

17 Vgl. Evangelisches Gesangbuch. Ausgabe für die Evangelisch-Lutherischen Kirchen in Niedersachsen und für die Bremische Landeskirche, Hannover 1994, Nr. 785.6.

18 Vgl. Evangelisches Gesangbuch, Nr. 8.

19 Evangelischer Erwachsenenkatechismus. Suchen – Glauben – Leben, im Auftrag der Kirchenleitung der VELKD hg. v. Andreas Brummer u.a., Gütersloh ^{8}2010, 274.

20 Maria – Evangelische Fragen und Gesichtspunkte, 191.

21 Maria – Evangelische Fragen und Gesichtspunkte, 189. Zu ökumenischen Konvergenzen und Divergenzen vgl. auch Groupe des Dombes, Maria in Gottes Heilsplan und in der Gemeinschaft der Heiligen, Frankfurt a.M. 1999.

22 Vgl. Denzinger/Hünermann, Enchiridion, 774–776 (*2800–2804) u. 1099–1101 (*3900–3904).

23 Vgl. dazu Ulrich Wilckens, Maria, die Mutter des Herrn – in evangelischer Sicht, in: Una Sancta 43 (1988), 166–176; Evangelisches Gutachten zur Dogmatisierung der leiblichen Himmelfahrt Mariens, Berlin 1951.

24 Dorothee Sölle, Maria. Eine Begegnung mit der Gottesmutter, Freiburg i.Br. 2005, 59f.

25 Vgl. dazu Paul Badde, Heiliges Land, Kißlegg 2020, : „In diesen Tagen kam Lévi in Brüssel an einer Statue der Mutter Gottes vorbei, deren goldener Sternenkranz hinter ihrem Kopf in der Sonne leuchtete. (...)“.

26 Joseph Ratzinger, Zur Lage des Glaubens, Freiburg 2007.

27 G.W.F. Hegel, Theorie-Werkausgabe 1, Frankfurt a.M. 1971 ff, 378.

28 Vgl. die folgenden Ausführungen mit: Joseph Ratzinger, Gesammelte Schriften 6/2, Thesen zur Christologie, 668–671.

29 Weisheit 2, 23f: Gott hat ja den Menschen zur Unsterblichkeit erschaffen / und ihn zum Abbild seines eigenen Wesens gemacht.

Durch den Neid des Teufels aber ist der Tod in die Welt gekommen, / und die ihm angehören, werden ihn erfahren.

30 Katechismus der Katholischen Kirche, München 2005, Absatz 495, vgl. K.v. Ephesus, Epistula II Cyrilli Alexandrini ad Nestoriam: DS 251.

31 Bulle „Ineffabilis Deus“: DS 2803, Katechismus der Katholischen Kirche, München 2005, Absatz 491.

32 Vgl. Paul Badde, Heiliges Land, 266ff: „Dieses Grab in Jerusalem ist aber schon ewig bezeugt. Schon der Pilger von Piacenza erzählt davon und sehr frühe armenische Quellen. (...)“.

33 Vgl. dazu Nikos Nissiotis, Maria in der orthodoxen Theologie, in: Concilium 19 (1983), 613–625, hier 622f.

34 Vgl. Antike christliche Apokryphen in deutscher Übersetzung, Bd. I/2: Evangelien und Verwandtes, hg. v. Christoph Markschies/Jens Schröter, 7. Aufl. der v. Edgar Hennecke begr. u. v. Wilhelm Schneemelcher fortgef. Sammlung der neutestamentlichen Apokryphen, Tübingen 2012, 903–929.

35 Vgl. Ferdinand Rupert Prostmeier, Art. Transitus-Mariae-Berichte, in: Lexikon für Theologie und Kirche 10 (2001), 168f.

36 Vgl. Johann Auer, Unter deinen Schutz und Schirm. Das älteste Mariengebet der Kirche, Leutesdorf [9]1996.

37 Vgl. Heinrich Denzinger/Peter Hünermann (Hg.), Enchiridion symbolorum definitionum et declarationum de rebus fidei et morum, Freiburg i.Br. u.a. [37]1991, 122 (*251): „Und so haben sie [*die heiligen Väter*] es getrost unternommen, die heilige Jungfrau Gottesgebärerin zu nennen, nicht etwa weil die Natur des Wortes bzw. seine Gottheit den Anfang des Seins aus der heiligen Jungfrau genommen hätte, sondern weil der vernünftig beseelte heilige Leib aus ihr geboren wurde; mit ihm hat sich das Wort der Hypostase nach geeint, und deshalb wird von ihm gesagt, es sei dem Fleische nach geboren worden“ (Hervorhebung im Original).

38 Vgl. Denzinger/Hünermann, Enchiridion, 194f (*422): „Wer nicht bekennt, daß es zwei Geburten Gottes, des Worts, gibt, die eine vor den Zeiten aus dem Vater, zeitlos und leiblos, die andere in den letzten Tagen, als er selbst aus den Himmeln herabgestiegen ist, fleischgeworden ist aus der heiligen glorreichen Gottesgebärerin und immerwährenden Jungfrau Maria und aus ihr geboren wurde, der sei mit dem Anathema belegt.“

39 Zu den Titeln vgl. Kallistos Ware, Mary Theotokos in the Orthodox Tradition, in: Marianum 52 (1990), 210–227.

40 Die Göttliche Liturgie des Hl. Johannes Chrysostomus mit den besonderen Gebeten der Basilius-Liturgie im Anhang, Erlangen ^{2}2000 (= Oikonomia 2/B), 59f.
41 Lothar Heiser, Maria in der Christus-Verkündigung des orthodoxen Kirchenjahres, Trier 1980 (= Sophia 20), 127f.
42 Vgl. Heiser, Maria, 125.
43 Das kommt u.a. auch in den in neuerer Zeit entstandenen Marien-Hymen zum Ausdruck, vgl. z.B. https://azbyka.ru/molitvoslov/agni-parfene-chistaya-deva.html.
44 Heiser, Maria, 369.
45 Heiser, Maria, 373.
46 Vgl. Dumitru Staniloae, Orthodoxe Dogmatik. Bd. 2, Gütersloh 1990 (= Ökumenische Theologie 15).
47 Vgl. Metropolit Hilarion (Alfeyev), Geheimnis des Glaubens. Einführung in die orthodoxe dogmatische Theologie, Münster ^{3}2019 (= Studia oecumenica Friburgensia 43).

6. Die Botschaft Jesu vom Reich Gottes

1 ‚Jesus von Nazareth. Botschaft und Geschichte., Freiburg, 6. Auflage 2000; zitiert: Gnilka, ….

7. Die Kirche Jesu Christi in ihren zentralen Sakramenten: Taufe und Eucharistie

1 Gemeint ist die Gemeinschaft der Christusgläubigen, die sich aus allen Konfessionen zusammensetzt, s. genauer am Ende des Beitrags.
2 Martin Luthers Großer Katechismus 1529, Berlin 1982, S. 118.
3 Ebd., S. 122.
4 Luthers Großer Katechismus, S. 132.
5 Vgl. W. Neuser, Gottesdienst in der Schule, Stuttgart 1994, S. 45.
6 Z. B. Klaus-Peter Jörns.
7 Z. B. Jürgen Moltmann.
8 Diese Formulierung stammt von dem evangelischen Neutestamentler Ernst Käsemann (1906 – 1988).
9 In der orthodoxen Schultheologie des 19. und 20. Jahrhunderts gab es eine Tendenz, Theologie nach westlichen Handbüchern zu betreiben. Darum findet man bis heute auch in der orthodoxen Welt Traktate, die alle Mysterien nach diesen technischen Kriterien darstellen. Dies entspricht aber nicht der genuinen patristischen Theologie, wie wir weiter sehen werden.

10 Im Buch Genesis 1, 26. spricht Gott im Plural „Lasst uns Menschen machen als unser Abbild, uns ähnlich". Es geht hier um mehrere Personen, die am Schöpfungsakt des Menschen beteiligt waren und von der patristischen Tradition als Offenbarung Gottes in seiner Dreieinigkeit ausgelegt wurde.

11 Unter Kirchenvätern versteht die orthodoxe Kirche die wichtigsten christlichen Schriftsteller, die sich durch die Heiligkeit ihres Lebens und das orthodoxe Bekenntnis des Glaubens hervorgehoben haben.

12 Siehe dazu Christian Lange, „Gestalt und Deutung der christlichen Initiation in der Alten Kirche", in: Christian Lange/Clemens Leonhard/Ralph Olbrich (Hrsg.), Die Taufe. Einführung in Geschichte und Praxis, Darmstadt 2008, p. 1–24.

13 Der gesamte Verlauf des Gottesdienstes und der Text aller Handlungen und Gebete bei Sergius Heiz, Mysterium der Anbetung, Band III, Köln 1988, 19–56.

14 Die Kinder empfangen normalerweise die im Altarraum auf dem Altartisch aufbewahrte Eucharistie, die für Notfälle vorgesehen ist. Wenn am gleichen Tag vor der Taufe eine Liturgie gefeiert wird, bekommt der Täufling die Eucharistie aus dieser Feier. Damit möchte ich unterstreichen, dass die Eucharistie nicht extra für die Taufe gefeiert wird. Dies ist der Fall, wenn Taufe und Myronsalbung im Rahmen der Göttlichen Liturgie gefeiert werden.

15 Aus meiner langjährigen Erfahrung kann ich bestätigen, dass das Kind als Teenager keine Zeit haben wird, um verschiede Religionen oder Konfessionen zu erforschen, damit er dann eine Entscheidung trifft, welche er auswählen will, und bleibt dementsprechend ohne eine religiöse Identität.

16 Dumitru Stăniloae, Orthodoxe Dogmatik, Band 3, aus dem Rumänischen übersetzt von Hermann Pitters, Gütersloh 1995, 70–71.

17 Cyrill von Jerusalem, Mystagogicae Catecheses/Mystagogische Katechesen (4,1 und 4,6), übersetzt und eingeleitet von Georg Röwekamp, (FC 7), Freiburg 1992, 136–137 und 138–139.

18 Siehe den Text bei Athanasios Kallis, Die Göttliche Liturgie der Orthodoxen Kirche, Deutsch-Griechisch-Kirchenslawisch, Münster, 2015, 136–137. Vgl. Robert Taft, The Fruits of Communion in the Anaphora of St. John Chrysostom, in: I. Scicolone (ed.), Psallendum. Miscellanea di studi in onore del Prof. Jordi Pinelli Pons, O.S.B. (AL 15 = SA 105), Rome 1992, 275–302.

19 Siehe den Text bei Athanasios Kallis, Die Göttliche Liturgie der Orthodoxen Kirche, 224–225.

20 Karl Christian Felmy, Säkularität und Gottesdienst, in: Ders., Diskos. Glaube, Erfahrung und Kirche in der neueren orthodoxen Theologie.

Gesammelte Aufsätze, hg. v. Heinz Ohme und Johann Schneider (Oikonomia 41), Erlangen, 2003, 22–32, hier 31.

21 Nikolaos Kabasilas (um 1319 - 1391), Das Buch vom Leben in Christus, Freiburg 1991, 111–112.

22 Das ist eine berühmte Aussage des Märtyrerbischofs Ignatius von Antiochien, der in der Arena von Rom um das Jahr 110 von wilden Tiere wegen seines christlichen Glaubens zerrissen wurde. Er hat mit dieser Wendung das Endziel der Eucharistie auf den Punkt gebracht. Er hat dazu auch die Erklärung geliefert, dass sie „Gegengift gegen den Tod, Gabe, um immerfort in Jesus Christus zu leben" ist. Vgl. Ignatius, An die Epheser (20,2), in: Die Apostolischen Väter, Griechisch-deutsche Parallelausgabe, Tübingen 1992, 191.

9. Versuch eines philosophisch-theologischen Zugangs zum Glauben an Gott und an die Auferstehung

1 Dazu: Josef Schmidt, Philosophische Theologie, Stuttgart 2003; Jörg Splett, Gotteserfahrung im Denken, Freiburg i. Br. 1985; Lorenz B. Puntel, Sein und Gott, Tübingen 2010.

Die Autorinnen und Autoren

Prof. Dr. Daniel Benga studierte Orthodoxe Theologie an der Universität Bukarest. Er ist Professor für Liturgik, Patrologie und Alte Kirchengeschichte an der Ausbildungseinrichtung für Orthodoxe Theologie der LMU München.

Dr. Georg Bruder ist katholischer Philosoph, Personal Coach und Executive Advisor. Er studierte Philosophie, Germanistik und Musikwissenschaft in München und Berlin. Er promovierte an der Hochschule für Philosophie München mit einer Arbeit über die philosophischen Grundlagen der Christologie.

Prof. Dr. Dr. Markus Enders studierte Philosophie, Katholische Theologie, Religionswissenschaft und Germanistik. Seit 2001 ist er Ordinarius für Christliche Religionsphilosophie in der Theologischen Fakultät der Universität Freiburg im Breisgau. Seit 2017 ist er Ordentliches Mitglied und seit 2020 Forschungsstellenkoleiter der Karl-Jaspers-Gesamtausgabe in der Heidelberger Akademie der Wissenschaften.

Prof. Dr. Gregor Etzelmüller studierte Evangelische Theologie in Bielefeld-Bethel, Heidelberg und Princeton. Er ist Professor für Systematische Theologie am Institut für Evangelische Theologie der Universität Osnabrück.

Prof. Dr. Johannes Herzgsell SJ studierte Philosophie und Katholische Theologie. Er ist emeritierter Professor für Religionsphilosophie, Religionswissenschaft und Grundlegung der Theologie an der Hochschule für Philosophie in München.

Dr. Wolfgang Neuser studierte Evangelische Theologie und ist Master of Business Administration. Er war Pfarrer in der evangelisch-reformierten Kirche, bevor er als Gründungsrektor der CVJM-Hochschule in Kassel bis 2013 Religions- und Gemeindepädagogik lehrte.

Prof. Dr. Konstantinos Nikolakopoulos studierte Byzantinische Musik, Orthodoxe Theologie und Germanistik. Er ist Professor für Biblische Theologie und Vorsitzender der Ausbildungseinrichtung (Institut) für Orthodoxe Theologie der Universität München (LMU); Herausgeber der Zeitschrift „Orthodoxes Forum“ und der wissenschaftlichen Reihe „Lehr- und Studienbücher Orthodoxe Theologie“.

Prof. Dr. Dorothea Sattler studierte Katholische Theologie und Romanistik. Sie ist Professorin für Ökumenische Theologie und Dogmatik an der Westfälischen Wilhelms-Universität Münster und Direktorin dessen Ökumenischen Instituts. Sie ist Sprecherin des Sachbereichs Theologie, Pastoral und Ökumene des Zentralkomitees der deutschen Katholiken.

Prof. Dr. Josef Schmidt SJ studierte Philosophie, Katholische und Evangelische Theologie. Er ist emeritierter Professor für Philosophische Gotteslehre und Geschichte der Philosophie an der Hochschule für Philosophie in München.

Prof. Dr. Harald Schöndorf SJ studierte Philosophie und Katholische Theologie. Er ist emeritierter Professor für Erkenntnislehre und Geschichte der Philosophie und ehemaliger Vizepräsident der Hochschule für Philosophie in München.

Dr. habil. Johannes Stoffers SJ studierte Philosophie und Katholische Theologie. Er ist Dozent für Philosophie an der Päpstlichen Universität Gregoriana in Rom.

Prof. Dr. Jennifer Wasmuth studierte Evangelische Theologie und Slavistik. Sie ist ordinierte Pastorin der Evangelisch-lutherischen Landeskirche von Hannover und Direktorin des Instituts für Ökumenische Forschung in Straßburg. Seit vielen Jahren ist sie an Dialogen mit orthodoxen Kirchen beteiligt. Seit dem 1. Oktober 2021 hat sie eine Professur für Ökumenische Theologie unter besonderer Berücksichtigung des orthodoxen Christentums und seiner globalen Wirkung in Geschichte und Gegenwart an der Evangelischen Theologischen Fakultät der Universität Göttingen übernommen.

Zeitfracht Medien GmbH
Ferdinand-Jühlke-Straße 7,
99095 - DE, Erfurt
produktsicherheit@zeitfracht.de